よみがえる地球歴史の欠片

レムリアの王 アルタザールの伝説

ソララ Solara

エリザベス・キューブラー＝ロス博士［推薦］

Nogi［訳］

ヒカルランド

一つ、確かなことがあります。
アルタザールよ、あなたがこの文章を読んでいるのなら、
どうか聞いてください。
アルタザール、世界はあなたを必要としています！
今こそ目覚め、本当のあなたに返り咲いてください。

いいですか、アルタザール。あなたこそが長老なのです。
惑星の癒し手なのです。未来を創る者なのです。
あなたという皆が、必要とされているのです。
今あなたが、あなたと同じような方々が、
地球があなたを必要としている
今この瞬間に出てこなかったら、
一体誰がやり遂げられるというのでしょう?

あなた方一人一人には、全体の為に使う、
特別な贈り物が与えられています。
その全てが、
二元性から一元性への移行を成就させるために
非常に重要なのです。
全人類のため、最後の仕事がここにあります。
どうか目を逸らさないで。

あなたがここにいる理由でしょう？
これまでの全ての転生は、
今この時に収束するためにあったのです。
計画〈プラン〉にはあなたの存在が欠かせないのだから、
そうなるように準備をしてきたのですよ。
目の前にあるその扉〈ポータル〉を通るだけで良いのです。
あなたがどれだけ素晴らしい存在であったか、
お解りになるでしょう。

今の世界は、
アトランティスの末期を
再現〈リプレイ〉しているようです。
ありとあらゆる部分で、あの時と同じことが起きています。
あの大災害から学んだことを思い出す時です。
このまま黙って待っていたら、
またあの時のように人類は同じ過ちを繰り返すでしょう。
今こそ試練の時なのです。

『結晶伝達〈クリスタル・トランスミッション〉』は
絶え間なく送られ続けています。
ですが、聴く耳を持たない者ばかりだったら？
今こそ心の耳を開いてみてください。
聴こえたら、
はっきりとした行動をする為に表舞台に出てきましょう。

はじめに

実はこの本を書くにあたり、最初から最後までノープランだったということを私はここに認めなければなりません。この本を書いていた当初、私は山の中で、それこそ『隠者』のように静かな生活をしていました。静寂が大好きで、それを吟味していたのです。私の奉仕活動の一環であり、それは必然だったのでしょう。

そのように生活していたら、この物語が突然浮かんできたのです。そして、ずっと頭から離れないのです。最初は生活に支障が出ると思い、忘れてしまおうと努力していましたが、無駄な努力に終わりました。だから、書いてしまおうと考えたのです。そうすれば、私を解放してくれるのではと思いまして。多分、5ページくらい書けば終わるだろうと思っていました。

その結果が、この本です。5ページどころか、百ページ以上になってしまいました。たまに霊的な導きによって「こんな大掛かりなことになるなんて！」と思わされること、ありますよね。ですからね、最初は本を書こうだなんて考えてもいなかったのですよ。「やってみようかしら」

くらいの気持ちで始めたら、このような結果になっただけなのです。

この物語に『レムリア』が出てきますけど、私は書き始めにレムリアの知識など何も持ち合わせていませんでしたので、とても困惑したのを覚えています。ますます、こうして本が書きあがったことが不思議に思えます。もちろん、参考文献など何もございませんよ。それと、思い出したのが、『何も書けなくなった時』があったことでした。

そんな時はどうしようもなかったので、このようにしていたのを覚えています。まず、紙とペンの前に座って、静かにしているのです。（ああ、それと心も空白にしていました。）じっとしていると、物語の方から勝手に紙に書かれていくのです。私の手を使って。

それは驚きの連続でした。私のお気に入りのキャラクターがいきなりいなくなっちゃったり、他の場面に切り替わって全く知らないキャラが出てきたり。

このように書いていたら、だんだんそれが楽しく感じてきました。結晶山の隠者さんのために書いてあげることが。というわけで、初めは抵抗していた場面もありましたが、今となっては書き手に選ばれたことを光栄に思っているのです。

人生というのは、実に奇妙で、常に驚きの連続だと思われませんか？

私は、これは本当に感じているのですが、『アルタザールの伝説』で伝えられているメッセージは、今の時代の人達にとって非常に重要だと思うのです。私達が迎える結末というのは、『崩壊』か『突破』かのどちらかではないでしょうか。

これまでの歴史において、人類は死と再生の繰り返しを経験してきました。その中で消えていった、旧い習慣などは沢山あります。私達はその歴史の最前線に立っています。目の前にあるのは、『未知の領域』だけです。もちろん、いつもそんな簡単に一番良い未来を選択することはできませんでした。渡る道は罠ばかりで、躓きと失敗の連続であったとも言えます。

それでも私達は最大限の努力をもって挑戦し続けています。それが『至高の目的』に自らを捧げるということでもあるのですから。

それに、苦難も悲嘆も、もう昔と同じでは無いなと思うのです。変わらないといけないのは、常に私達自身であって、まだ旧い現実にいる人が旧い苦難や悲嘆を味わい続けているだけで、本当はその旧い現実から抜け出ることだって可能なのです。抜け出た先、そこには優しさと喜びと豊かさしかない新しい現実を創り出すことができます。それは、本当のことですし、皆様にも保証しますよ。

人類はこれまで以上の規模の『天界』からの支援を受けています。忘れてはいけないのが、天の恵みをもらっているということだけでなく、私達自身がその天の恵みだということです！

アルタザールの伝説は、皆様自身の物語です。アルタザール、ディアンドラ、ソラナ、他の登場人物たち……皆様はどの人物に、自らを見出されますでしょうか。彼らは人類のおおまかなパターンをそれぞれ表現しています。皆様に語りかけてくるその登場人物は、皆様にとっての地球上での任務を明かしてくれるでしょう。

さあ、未知と秘儀への扉を開きましょう。こちらの黄金の鍵で、自分自身の至高の目的への扉を開いてください。それが今、必要とされています。今こそ扉を開ける時なのです。読者の皆様、どうかお願いします。『あなたが、あなたでありますように』そして、結晶の矢じりがついたその矢を放ってください。

この物語は、私の弓から放たれた結晶の矢じりがついた矢です。この本を皆様に捧げます。この物語から、あなたの運命を思い出していただけることを願っております。

純心愛をこめて。

Solara

原初の時より
私達と共に奉仕し続けている
意識を持つ全ての存在たち
そしてオクミンの存在たちへ。

今こそ、その時。

結晶の矢を
高潔で明瞭な弓より
今こそ、放つ時。

人が満ちた大地を
緩め、癒す時
私達はついに自由を手にし
星天へと還る。
それが、完成の時。
これより先、
『下はなく、戻りもない』

カバーデザイン　三瓶可南子
カバーイラスト　ソララ
本文仮名書体　文麗仮名（キャップス）

目次

はじめに　7
第1章　アトランティスの上級巫女ディアンドラ、レムリアの王の元へ行く　19
第2章　アルタザールとディアンドラ、運命を貫く出会い　30
第3章　魂の結合〈7の同胞団長老の忠告〉　35
第4章　レムリアの生命を司る母卵〈マザーエッグ〉　44
第5章　オクモラの夢〈母なる大地の終わり〉　56
第6章　一元性〈ワンネス〉で満ちている結晶の洞窟〈今生の別れ〉　62
第7章　昇天〈アセンション〉〈レムリアの大地と共に〉　68
第8章　孤島ラパンヌイ〈レムリアの主要式典所〉　72
第9章　生存者アルタザール〈アトランティスへと向かう〉　79

第10章　大冒険への旅立ち（ソラナと共に）　87
第11章　古代ＡＮ王国への接近　95
第12章　捕獲（異星の女性ムー・ラの元へ）　111
第13章　アトランティスを陰から操っていたＺ博士　124
第14章　妹ディアンドラのために（ダヴォッドの秘密計画）　136
第15章　結晶手術〈クリスタル・サージェリー〉　147
第16章　宇宙の音楽　159
第17章　宇宙人女性ムー・ラの魔法　170
第18章　ムー・ラとの対決　183
第19章　ラパンヌイ島の司祭ソラナ、ついに秘境ＡＮ王国へ　196
第20章　結晶山の隠者ツインソウル〈ソラナとソルナ〉　214
第21章　双子の魂の合体、ＡＮの真理は〈２＋２＝44〉　229
第22章　アカマ（アルタザール）、遠く彼方から来たりし者　239
第23章　ＡＮの光の塔とアンタリオン転換（内なる次元空間）　250

第24章　終末の日　266
第25章　オラリン寺院にて、ディアンドラとソラナ　280
第26章　水晶伝達〈クリスタル・トランスミッション〉とアトランティス脱出　291
第27章　霊のつながり、この惑星に仕える者への融合　305
第28章　覚醒のアルタザール　320
結晶山の隠者より　結びの言葉　334
謝辞　380
精神科医エリザベス・キューブラー＝ロス博士による本書の推薦状　381

第1章　アトランティスの上級巫女ディアンドラ、レムリアの王の元へ行く

それは忘却の彼方……遥か遠い昔、地球上に黄金時代を謳歌する島国がありました。

その国を治めていた王は、名をアルタザールといいました。ただの王様ではなく、それはそれは偉大な、王の中の王と言えるお方でした。彼に比べれば、その後に現れたどの王も、口程にもありません。『アルタザール』という御名そのものが、『いと高き王』という意味なのです。アルタザールは、その名の通りの偉大な王だったのです。

アルタザールが統治していたのは現在オーストラリアと呼ばれている土地の沖にあった大きな島国でした。そこは古代レムリア大陸の一部だったのです。その国の国民は非常に高い精神的貴族性を誇っていました。王は国民から絶大な人気を得て愛されていました。王も国民全員と、その土地に住む鳥などの動物たちや木々や花などの植物、石や岩でさえも愛していました。

恐らくアルタザールは、自分自身と他人の区別をつけていなかったのでしょう。だからこそ、そこまで愛し愛されることができたのです。国土に存在する全てを、自分自身の一部であるかのように愛していました。自分を含む万物は、創造主が平等に創造されたものと見做していたのですから。

王は国民からだけでなく、その国の植物からも支えられていました。伝説によれば、その国では有り余るほど豊富な果物や野菜が常にとれて、あらゆる場所で花が咲き乱れていたと言われています。動物たちも皆平和に暮らしており、人間に敵意や恐怖は一切感じていませんでした。王の島『アーナヘム』はまさに楽園でした。

アルタザールが成長し、結婚相手を探す時期になると、レムリアでは国中を挙げた花嫁探しが始まりました。しかしながら、王と同格の花嫁は見つからず仕舞いとなってしまいました。アルタザールの相手として相応しいほどの優雅さと徳と知恵を持つ女性が見つからなかったのです。

悩んだ挙句、上級司祭たちは一つの決断を下さざるを得ませんでした。タナの最高神殿に集結した彼らは、国中から寄付された結晶〈クリスタル〉を用いて、テレパシー的なメッセージを超大陸アトランティスの上級司祭たちへと送りました。この惑星の遥か遠方に位置していたその場所へは、アルタザール王に相応しい花嫁を見つけ出して欲しいというメッセージが送られました。

そのメッセージは、アトランティスの上級司祭たちが敬意を持って受け取りました。その場で『7の同胞団〈ブラザーフッド・オブ・セブン〉』による会合が開かれ、この件についての話し合いが行われました。

その場に召集されたのが、『創造的ヒーリングの智慧の大寺院オラリン』の最上級巫女アローラでした。彼女には、二つの偉大なる文明同士を神聖な結婚によって結び付けるという極めて重要な任務が与えられたのです。彼女は、王の相手に相応しい女性を探すために、全ての知が収められし場所である『洞天』へと彼女の本質を降ろしていきました。そこで彼女が視たのは、上級巫女の一人である、ディアンドラの美しい顔でした。なるほど、彼女ならば！　ディアンドラは流れるようなブロンドの髪と、全てを見通す蒼い眼を持つ美しい女性でした。気品があり、意志が強く、威厳のあるはっきりとした頬骨が魅力的なディアンドラ。そう、『癒しの智慧7本の紐の持ち主』であるディアンドラこそが王の相手に相応しいでしょう。

こうしてディアンドラもその場へ召集され、レムリアとアトランティスを結び付ける大役を命じられました。彼女は自ら進んでその任を請け負いました。もちろん、ディアンドラは胸の内に深い悲しみを抱いていたことは否定できません。自分の故郷と家族友人と、なによりオラリン寺院での自分の愛する職務から離れ、お別れを言わなければいけないというのは、胸が痛むことでした。彼女が面倒をみていた多くの初級巫女たちとも別れる時が来たのです。初級巫女たちが、自らの内なる聖域に存在する扉を通って成長していけたのは、ディアンドラの導きがあってこそでした。ディアンドラは紐を7本も伝授されるほど修練を積んだ上級巫女であり、寺院においては師範としての役割を持っていました。この惑星の磁界格子〈マグネティック・グリッド〉を解除することができる鍵を持ったマスター達ともテレパシー的に交信ができる能力も持っていました。この格子は惑星のマスター・グリッドを取り囲んでおり、その格子を通して宇宙の根源〈ソース〉とも接触することが彼女には可能だったのです。

彼女が旅立つ前、ディアンドラは師アローラと共に寺院に戻り、そこでディアンドラは厳格な断食や、様々な種類の結晶のエネルギーを用いた照射殺菌を経て、体の浄化と準備を整えました。

旅立ちの朝、寺院の空間窓〈ポータル〉から7の同胞団の七名の団員が現れました。ディアンドラは輝く白い正礼装を身につけていました。腰には深紫色の帯が巻かれ、七本の紐で結ばれていました。オラリン寺院で通過儀礼〈イニシエーション〉を行った者であるという証です。彼女は七人の団員に敬礼し、団員達も彼女に敬礼をしました。

そして七人は彼女を外へと連れ出し、アトランティスの真っ白な道を通って、彼女をドーム型の神殿へと案内しました。そこには『真実の塔』や、無上の透明さのある水が湧き出る噴水を通って、最後にはアトランティスの『禁じられた地』へと辿り着きました。そこは帯に九本の紐が結んである者しか入ることが許されない場所でした。

（九本の紐を持つ者は非常に少数でした。アトランティスのどこかには、十一本の紐を持つ者もいたという噂がまことしやかに語られていましたが、その者を実際に見た者もおらず、事実かどうかは定かではありません。）

彼女をその禁断の場まで連れて行くと、七名のうち一名が前に出て、輝く黄金の門の前に立ちました。日光に照らされ、門の尖塔が眩しく輝いていました。

先頭に出た一人がローブの中から結晶を取り出すと、それを門に向けてから何か祈禱のような言葉を呟きました。「アズトラン＝インラ」。その刹那、門が視界から跡形も無く消え去りました。八人はそのまま道を進み続けました。気になったディアンドラが後を振り返って見ると、消えたはずの門がしっかりとそこにあるではありませんか。

次に彼女の前に現れたのは、不思議な形をした建物があちこちに並ぶ小高い丘でした。それらの建物のほとんどが、様々な種類の幾何学模様の形をしていました。

一行が丘の坂道を登っていくと、次第に道が広くなっていき、今度は分かれ道が現れました。そこでは、左手にあるもっと狭い道を進んでいきました。滅多に人が入らなかったであろうその道に入った瞬間、ディアンドラは周囲の光が変化していることに気づきました。目に映る景色の全てが、なんだか青っぽい色になっているのです。道を進むにつれて青色も濃くなっていき、やがて景色が深いコバルトブルーの色に変わっていました。どうやらこの色は、道の両端に流れていた強力な電流によって発生したもののようです。道はまた二股に別れていたので、今度は右手の道を選びました。

長く険しい修行の道を歩んできて、自分の感情を制御することには自信を持っていたディアンドラでしたが、今回ばかりは驚きの連続でした。心の内には、多少の恐怖すら感じていました。ですが、そこで感じた力は、畏怖の念すら覚えるほどに強大であったということです。落ち着きを取り戻す為、深呼吸をします。そして歩き続けました。

やがて一行は突然行き止まりに突き当たりました。頑強そうな大理石の壁が立ちはだかったのです。コバルトブルーの空気の色はいつのまにか深いインディゴブルーに変化していました。その空気は濃密で、ディアンドラの呼吸の制御を乱していました。

七名のうち一名はここで、また何かを呟きました。「アズラン＝エグリ」。その言葉を口にすると、何と彼は壁の中へと消えていったのです！　他の六人も彼に続いて、次々に姿を消していきました。その光景にディアンドラは目を見開いたまま、驚きを隠せない様子です。意を決して、全身の操縦権を呼び戻してから、彼女も壁の向こう側へと歩んでいきました。

眼を開けると、一行は大きな広間の中に立っていました。広間の天井には、ガラスのような物質でできたピラミッドがありました。（先ほどの丘の上に見えた人工建造物の一つ、水晶でできたピラミッドのようです。）ピラミッドの頂上の真下、広間の中央には、三つの面がある小型のピラミッドがありました。こちらも水晶でできたピラミッドです。その小型ピラミッドの内部には、小さな台座のようなものが見えていました。この台座は一個の煙水晶（スモーキークォーツとも呼ばれる茶色や黒っぽい煙がかったような色の水晶の一種）から切り出して作られたもののようです。

七名の中での長老がディアンドラに、彼の前に立つように合図をしました。上級司祭たちの秘密の儀礼なのでしょう。彼は両手を下に向け、上に向けた彼女の両手の手のひらに、触れないように置きました。何らかのエネルギーが送られているようでした。

突然、ディアンドラは全てを理解しました。全てを鮮明に視て、あらゆるものの始まりから終わりまでを目撃しました。水晶のように明瞭に、彼女の本当の人生の目的を悟る切っ掛けとなりました。これまでの修行は全部、この瞬間のためにあったのです。

アルタザールも視ました。彼のハンサムな顔、その高貴さや、非の打ちどころの無い徳の高さ。そして、彼も八本の紐を得るほどに修行を積んだ高僧であることも知りました。彼は自分の国で密かに修行を続け、誰も知らないうちに非常に高度な霊的領域にまで達していたのです。ディアンドラの心は、アルタザールへの愛情に満たされていきました。なんていい男なのでしょう。思いやりがあって優しくて……この男性〈ひと〉なら、人生を分かち合えるはず。彼女はそう感じていました。

他にも様々な出来事も目撃しました。アルタザールの失墜の時も視たのです。どんなに災厄から逃れようとも、彼は必ず困難に直面する運命なのです。逃れられない運命が……ああ！　彼女の頬を涙が流れます。耐えられない光景でした。
「可哀想なアルタザール！　運命に抗い、それを変えることができたのなら……愛する人がこんな目に遭って、心が壊れてしまいそう」

ゆっくりと、今どこにいて何をしていたのかを思い出してきました。伏せていた顔を上げると、七名の賢者たちがそこで見守っていてくれました。彼らの慈愛が、眼もとに浮かぶ涙となって溢れていきます。７の同胞団の智慧と奉仕はかくも崇高なものなのだと、彼女の心が打ちのめされるような想いでした。こんなにも重大な任務の遂行者なのだと。それなのに、申し分のない慈愛の心を維持し続けている。そう実感しました。とある寺院の扉に刻まれた言葉を思い出しました。「大きな力を扱う時、それと同じくらいの責任も伴うものだ」七名の年老いた顔から察するに、アトランティスが天の計画通りに繁栄するためには、まだまだやり遂げなければならない任務は多いのでしょう。

ふと、上級巫女アローラの姿がディアンドラの脳裏をよぎりました。アローラは白色と青色の儀式用ドレスに身を包み、胸部には瞬く小さな星々が見えました。彼女がこの惑星外の出身であることは知っていましたし、時々彼女の星天存在の家族とも連絡を取り合っているのも見たことがありました。とても、とても遠い先にある彼女の星……ディアンドラは彼女の教えに深く感謝をしました。彼女の本当の家族と、それから寺院の友人たちにも。

「みんなともお別れをしなければいけません。故郷とも、みんなとも、もう会えません。恐らく私は、二度とここには戻らないでしょう」

悲痛の矢に射抜かれるような想いでした。ですが同時に、アルタザールへの想いと、彼が助けを必要としていることも覚えていました。彼への想いに揺らぎはありません。心の準備はできていました。

彼女の腰巻きに、八本目の紐が巻かれました。

「さらばだ、我が娘よ」

七名のうち一名の口から、確かにその言葉が聴こえました。(もしかしたら、彼女の本当のお父さんだったのかもしれませんね。ですが、それはまた別の物語になってしまいます。)

ディアンドラは小型の水晶ピラミッドの中へと案内され、煙水晶の台座に座りました。

＊　＊　＊　＊　＊

こうしてディアンドラはアトランティスの地に別れを告げ、アルタザールが待つ地へと旅立ちました。私は、確かにそのことを覚えています。何故なら、私もそこにいたからです。恐らく、今と異なる体で……

第2章　アルタザールとディアンドラ、運命を貫く出会い

ディアンドラが眼を開けると、オレンジ色の光が視界に飛び込んできました。たまらず目を閉じて、しばらくじっと動かないでいました。

今はどこにいるのでしょう？　まだアトランティスにいるのか、それともアーナヘムにいるのか。身動き一つとらずに座ったまま、周囲のエネルギーの変化を確かめていました。そういう訓練を受けていたから、自然にそうしていたのです。

突然、沈黙の中に長く深く響き渡る『どら』の音が聴こえました。その催眠音が彼女の記憶から完全に聴こえなくなるまで、じっと待っていました。そして目を開き、彼女の純粋な瞳で見て、立ち上がり、前に向かって歩き出しました。オレンジ色の眩しい光以外には何も見えません。しかし、勇敢なディアンドラはそれでも前に歩き続けます。見えない世界を感じる、己の感覚を頼りにして。

「ようこそ、我が女王よ」

静寂から落ち着いた低音の声で、誰かがそう告げました。強烈なオレンジ色の光を通り過ぎ、生命力に満ちた緑溢れる円形の部屋に足を踏み入れました。流れる水の音が聴こえてきます。噴水があるのかなと頭の片隅で考えていたら、いました。

彼女の前に立っていたのが、アルタザールその人でした。暖かな微笑みを浮かべています。想像していたよりずっと力強く、ハンサムで、活力が漲《みなぎ》る男性でした。背が高くて、グレーがかった黒髪を持つアルタザールの顔はしっかりとした顎鬚で覆われていて、その分だけ彼のダークブラウンの瞳がハッキリとしていました。力強くて、愛情深くて、その上ユーモアもありそうな顔立ちです。

一枚の茶色の布を腰に巻いており、布は膝まで垂れ下がっていました。彼が歩くと布もキラキラと色を変えていき、南国の花のように優美な模様が目に映りました。胸元は開いて、そこからは胸毛が見えていました。アトランティスでは見かけない服の着方です。腰巻きからは金色の小刀が下がっており、ダイヤモンドが散りばめられた豪華な金色の首飾りも身につけていました。

頭は白色のターバンで巻かれていて、孔雀の羽で装飾されていました。

目の前に立つその男性は、ディアンドラの人生の中で出会ったどの男性とも異なっていました。彼もディアンドラをまじまじと見て観察しているようでした。彼を見つめるディアンドラの眼差しに、喜びの色が浮かんできました。『ああ、この男性で間違いないわ』彼の方も、真剣な眼差しとは裏腹に、口元に僅かに緩みが見られます。彼女はゆっくりと笑顔になり、敬意の印として彼に向かってお辞儀をしました。

彼もついに大きな笑顔の表情を浮かべて、彼女にお辞儀を返しました。アルタザールは前に出て、両手を広げました。手のひらは下に向けています。これは古代アトランティス流の、秘儀参入者〈イニシエート〉のみの間で行われるエネルギー交換法なのでしょう。

その申し出を受け、彼女も両手の手のひらを上に向け、差し出します。二人の手は触れてはいないものの、彼女の両手からは光輝く太陽のエネルギーを感じます。エネルギーは両腕を通って体へと流れ込んでいきました。王が屈強な戦士であることを感じ取ります。同時に、彼の孤独と切望、彼女に対する彼の評価と、彼女を受け入れる姿勢も。すると再び、太陽のエネルギーが彼女の中を温めていきました。

　次に、アルタザールは両手を上へ向け、彼女の体の下まで降ろしました。ディアンドラはこの行動が何を意味しているか瞬時に理解できました。二人は対等の存在だという証だったのです。彼女は両手を下に向け、彼の両手のところまで降ろしました。今度はアルタザールがディアンドラを感じる番です。

　彼女が彼を見たときに感じた、エキゾチックな印象と、それへの好奇心。彼が求めていた女性になれないかと、ここへやって来た彼女の想い。彼が追い求めていたのは、「女性性による調和」であり、彼女こそがそれをもたらす存在であるということを理解しました。

　アトランティス寺院での彼女の生活は質素で厳格なものでした。彼は目撃しました。彼女がいかに真面目に任務に取り組んでいたのかを。大勢の巫女たちから愛され、尊敬されていたことを。彼女も孤独だったのです。高度に進化した人物ならではの悩み、それは心の奥底でずっと伴侶を求める想いでした。彼女にとっても、自分の伴侶は自分に等しい相手でないといけなかったのです。

　アルタザールは彼女の手をとり、二人は見つめ合いました。「来てくれ」そう言うと彼女の手を引きました。

＊　＊　＊　＊　＊

以上がアルタザールとディアンドラの初対面です。二人の人生で初めて、お互いを知る経験となりました。二人の恋心は花のように開いていったのでした。（なぜ私が知っているのかって？結晶〈クリスタル〉の力を通して、私はそこにいて、全部視ていたからです。）

第3章　魂の結合（7の同胞団長老の忠告）

海風は涼やかさを運び、大地は南国の暖かさをもって迎え入れてくれます。そこはアルタザール王国の首都モラゴンです。丁度その時期は夏祭りの時期だったので、夜にはあちこちから歌や楽器の音が聴こえてきて、鳴り響く鐘やどらの音とも相まって、賑やかな雰囲気を演出していました。

年中咲く南国の花の良い香りが、街中に漂っています。様々な祝宴が夜通し開かれ、国民は皆、睡眠というものを知らないかのようです。階段状になった丘の上には美麗な庭や広場などが連なっていて、次の日のお昼過ぎにはそこを笑顔で歌いながら行ったり来たりして、本当に疲れ知らずな人々です。

それらのお祭りは、毎年の豊作を祝うためのものでした。その国は常に天気も良いし、魚も有り余るほど獲れました。人間たちを優しく育んでくれる大自然。国民は自ずと自然界の精霊たちへの敬意を払うようになりました。

そして、それらを統べる王であるアルタザールと、彼に力を与えてくれる太陽、月、星々への感謝も忘れていません。祝宴には老若男女問わず、国民全員が自主的に参加していました。一人一人が、皆の前で歌や踊りを披露しています。その表情には恥ずかしさの影は見当たりません。全員が至って真面目に、皆の前でそれらを披露できる栄誉ある場面だからです。

アルタザールとディアンドラはこの時期、いつも忙しそうに動き回っていました。それらの祝宴の主役は、彼ら二人だからです。皆がそれを望み、二人を祝福し、歓迎していました。いと高き王と女王こそが、神々や至高のエネルギー源と直接の繋がりを持つ人間であると理解されていたのです。このときは、アルタザールとディアンドラはアーナヘムが統治する島にある、遠方の村々を訪れていました。二人はほぼ不眠不休で民家を訪ねて回り、人々はその神々しさと平和な佇まいに感動を覚えました。この行事は「結付月間」と呼ばれていました。

アルタザールとディアンドラは一心同体で、いつも息がぴったり合っていました。二手に分かれて国事行為を行う時でも、二人を繋げている「目的」が二人を別つことがありませんでした。二人にとって、離れ離れになっている感覚など全く無かったのです。常にテレパシー的な繋がりを持っていました。まるで、アルタザールの一部がディアンドラの中に、ディアンドラの一部がアルタザールの中に宿っているかのようでした。二人の魂は、すでに結合している段階にあったのです。遠い昔の黄金時代以来、このような魂の合体は滅多に見られなくなりました。

アルタザールは自分の人生について、とても満足していました。この女性に会ってから、かつて感じたことの無かった一体感を感じていました。二人は同じパズルを遊んでいるのではないかと思うほどの共有感でした。それぞれ得意な分野や苦手なことが正反対に異なっていて、お互いがお互いを補完し合っている関係だったのです。二人なら、二人だからこそ、全体像が見えてくる。

ディアンドラを愛していました。来てくれたのが彼女で、本当に良かったと思っていました。「偉大なる宇宙の本源〈ソース〉は全てご存知であったのだろう。私達二人の人生、そして運命さえも、そう成るべくしてお創りになられたのだから」そして彼は感謝をしていました。「この女性には大変救われた。私が私であるために、必要な女性が彼女なのだ」

ある日の昼下がり、二人は宮殿の庭の一つでくつろいでいました。その庭には噴水があり、島中で豊富に見つかる赤褐色の火山岩が置いてあります。その熱くなった岩間を水が流れることで水蒸気が発生し、部屋の植物にも水やりができる構造になっていました。鮮やかな緑色の葉が、たわわに実った果実の重みで触れられる位置まで垂れさがっています。孔雀は見事な羽を拡げながら、雌孔雀たちの前を優雅に歩き回ります。ディアンドラのお気に入りのオウムが近くにあった枝に止まり、最近覚えた言葉を話しています。

ディアンドラは伸びをして、自分を包んでいたアルタザールの両腕をほどいてから起き上がりました。ゆっくりと近くの木に近づき、なっていた果物をいくつか摘むと、それらを噴水に浸してからアルタザールのところに戻りました。こうして彼と二人で果物を分け合っていると、何とも言えない充足感を感じられました。

思えば数年前にこの国に来てから、彼女は随分と変わりました。それまでになかった、柔和な優しさが彼女の中に芽生えていたのです。そして、それが自分の周囲にも放射されているかのように感じていました。アルタザールが傍にいてくれるからそう感じるのだと、よく分かっていました。アトランティスで独り身だった頃には感じることができない暖かな光です。アルタザールの頼もしい男性的な保護力があるおかげで、彼女の新しい回路が開いていったのです。

彼女の内的な生命力にも、大きな進展が起きていました。新しいエネルギーとの繋がり、より遠くの、宇宙の彼方との交信が可能になったのです。アルタザールのような特別な男性との結合がもたらした結果であると言えるでしょう。彼といることで、彼女のエネルギーが調和を保つことができたのです。今では当たり前にできるようになったことも、彼がいなければ達成不可能な難題のままだったことでしょう。彼を強く抱きしめ、彼の至高のエッセンスを呼吸していれば、いつまでも微笑んでいられると、そう感じていました。

アルタザールはしばらくの間思考を巡らせているようでした。やがて彼は語り始めました。

「……私に旅をするよう、指令があったのだ。何故なのかは解らぬが、どうもそれがずっと心残りになっていてな。タナ委員会は、辺境の地であるラパンヌイ島へ向かってほしいらしい。その地の乱れたエネルギーを安定化する役目を、私にしてほしいようなのだ。以前も、同じような職務を自らの意志で請け負ったことはあったが……どういうわけか、今回ばかりは行く気にならぬのだ」

アルタザールの真剣な表情を見たディアンドラは、自分の意識を『高次の意識』へと引き上げました。「いつ向かってほしいと言われたのですか？」

「すぐにでもと言っていた。数日の間に。祝宴の時期が終わる頃までにな」

「拒否した場合、どうなるのです？」

「わからない。何しろ、今まで断ったことが無いのでな。権力構造上、断る権利が私には無いのだよ。どうにも釈然としないがな」

よく熟慮すべきと思ったディアンドラは、ここで意識を遠方のラパンヌイ島へと飛ばしてみました。そこで視えたのは、現地の人達の生活に密かに忍び込もうとしていた、何か邪悪なものでした。しかし、アルタザールの力をもってすれば問題なく除去できる程度のものです。

意識をアーナヘムへと戻すと、突然彼女の視界を遮るように深紫色の光線が意識の中に入り込んできました。ディアンドラにとってこの色は、『至高の力』を表す色です。7の同胞団の長老の声が彼女の中で聴こえてきました。

声は彼女に忠告しました。

「止めよ！　お前は断じて、この件に介入することは許されておらぬのだ。この件に関して、遠隔視の能力を使ってはならぬ。いかなる影響を与えることも禁ずる。そして、これ以上この件について口をはさむことも禁ずる！」

ディアンドラの体はこわばり、何か重大な出来事が起こるのだということを悟りました。しかも、それを視ることを禁じられたのです。つまり、それが起こるのを防ぎたいと思っても、黙って見過ごさなければならないのです。

彼女は７の同胞団の命令には従わないといけないと結論付けました。

アルタザールは、愛する女性の表情がこわばっているのを見て、自分の出陣の日が近いのを悲しんでいるのだと思ったようです。彼女の手を取り、伝えました。

「うむ、ディアンドラよ。私は行かねばならない。だが、どうか心配はしないでおくれ。過去に何度もやり遂げたことだし、今回もすぐに戻って来よう」

ディアンドラの目から悲しみの涙が流れました。彼を抱き寄せて、耳元で呟きます。

「ああ、私の高貴なアルタザール。いつでも貴方を愛しています。片時も貴方を忘れることはありません。いつでも私は、何らかの形をとって貴方と共にいます。どうか、私のことを忘れないで。なによりも……アルタザール、どうか忘れないで。あなたが、自分が何者であるかということを！」

「美しきアトランティスの女よ、どうしてお前のことを忘れられよう。お前だけが、私の心をこんなにも満たしてくれるというのに」アルタザールはそう答えながらも、今のディアンドラの言葉が気になりました。『どういうことだ？　私が何者であるか？　そんなに長居するつもりは毛頭無いぞ』

そう思いながらも彼女を抱擁し、明るい声で言いました。「さあおいで。今宵の祝祭の準備をしないと」

＊　＊　＊　＊

アルタザールとディアンドラの、長い別れの日々の始まりが訪れようとしています。（ああ、アルタザールよ……このときディアンドラの警告を聴き入れていれば、もしかしたら自分の過酷な運命を変えることもできたのでしょうか。）

遥か昔、その美しい庭で、私は自分の耳で、二人のやり取りをしっかりと聴いていました。

第4章　レムリアの生命を司る母卵〈マザーエッグ〉

レムリア本島上空に浮かぶ銀色の月を、黒雲が覆った夜のことです。非常警報の音が鳴り響きました。平和だったその国に、非常事態宣言が発令されたのです。上級司祭たちが緊急招集され、吹き荒ぶ風に飛ばされないように衣服の帯を堅く結びつけました。『暁の神殿』に一人ずつ入った彼らの表情からは、真夜中に発令されたこの非常事態宣言の深刻さをすでに理解していたことが読み取れます。

タナ委員会は塔の最上階で会議を開きました。部屋の中央には黒い火山岩から切り出して造った大きな円卓と、それを取り囲む椅子が並んでいました。磨き抜かれたその円卓に光が反射して、部屋中が満遍なく照らされています。13人の委員が出席し、空いている席が3つありました。

塔には、打ち鳴らされたどらの音色が長く響き渡っていました。長老オクモラは、音が消えるまでを待ちます。オクモラは何千年もの間その立場に就く長老です。しかし、近頃はその力にも陰りが見え始めていました。彼の髪は雪のように白くなり、顔には深いしわがいくつもあり、かつてその姿勢の良さを賞賛されていましたが、この時にはすっかり腰が曲がっており、昔日の見る影はありません。

ですが、彼の目蓋の皮の下に埋もれている両目には、未だに射抜くような鋭い光が見られます。全盛期ほどでは無いにせよ、その強大な気力をまだ十分保持していることが窺えます。これほどの強い意志があるからこそ、年老いた姿でありながらもこんなにも長い間生き永らえていたのかもしれません。オクモラは、全てを見通す賢者でした。

委員会の面々に対し、彼の口から『終末の日』が近いことが告げられました。端的に言えば、『大災害』までに残された時間はもうあまり無いということです。それは、誰がどう足掻こうが、防ぐことは決してできない、不可避の出来事でした。それまでに、あらゆる手を尽くしてきたオクモラには、その事を重々承知していたのです。

3名の委員が欠席していることについて、その場の誰もが気づいていました。例えば、皆からの信頼が篤いアルタザールがいないことが、誰の目にも明らかです。彼はその時ラパンヌイ島に派遣されていることも、事前に周知されていたようです。

オクモラはアルタザールのことを想うと、僅かに微笑みました。自分の後継ぎとして、これ以上ない逸材だと見ているのです。しかし、後継者として準備ができた瞬間に全てが無に帰することになるとは……皮肉なものです。

アトランティスからやってきたあの女性と結ばれることで、アルタザールの成長は劇的に速まったことは確かでしたし、実験は成功しました。そう、アルタザールはオクモラの内密に進めていた実験の、対象者だったのです。

見聞を広めるためにも、史上初めてアトランティスの寺院へと秘密裏に送られ、史上初めて異文明からきた女性と結婚した上で、全く異なる性質を交換し合うことが目的でした。そうすれば、アルタザールは後々レムリア文明最高の指導者になるだろうと。彼の王国であるアーナヘム島は、将来のレムリアの繁栄を約束する何よりの証でした。

さしあたって彼の思惑通り、アルタザールをレムリア崩壊に巻き込まれる運命から逃がすことはできました。アルタザールを差し迫る危険から遠ざけるというのが、オクモラの元々の狙いだったのです。レムリア文明が生んだ最高傑作であるアルタザールをこの地から脱出させ、その後も地球上で生かし続けることができれば、それが彼の本望でした。

あのアトランティス人女性も一緒に助けてあげられなかったのは残念でしたが、アルタザールの任務に同行させでもしたら、彼女には全て勘づかれてしまう可能性があったのです。まあ、ディアンドラとその故郷の人々の関係を鑑みると、多分彼女ならば多少の犠牲を厭わずに何としても故郷アトランティスへと彼を連れて戻ろうとしていたかもしれませんが。

アルタザールについて考え終わると、オクモラは他の二名の欠席者のことについても考えを向けました。

まずはあの無知で間抜けなセプリックの、鼻のつぶれた平たい大きな顔面を思い浮かべます。セプリックは遠方沖の島々出身の男性で、その地方から委員会に選ばれたのは彼が初めてでした。オクモラはあの島々の住人たちを粗野な未開人として見做しており、レムリア本島の洗練された文明と比べることも嫌がっていました。純朴すぎて馬鹿にされていたセプリックですが、彼は後々、『炎の中心を消す者』として知られることになります……これをお読みの方々の中には、その時の記憶を思い出したくない人もいらっしゃるかもしれません。

オクモラはそのまま思考を巡らせていました。委員会の出席者たちはその緊張した様子を、固唾を飲んで見守っています。その張り詰めた雰囲気は、オクモラが三人目の欠席者について考えていたことによるものでした。

彼の名はボクロール。彼がこのレムリア崩壊の悲劇の主犯であり、計画の致命的な欠陥〈エラー〉でもあったのです。ボクロールはオクモラに次いで委員会の二番手として手腕をもち、一方で何百年もの間、長老の座を虎視眈々と狙っていました。権力にあれほど溺れてしまうとは、哀れなものです。より大きな権力を渇望し続け、それを乗っ取ろうとする者は、最後には逆に権力そのものに食われてしまうのです。権力への欲望に憑りつかれてからというものの、彼の聡明だった知能は徐々に暗雲が立ち込め始めており、正確だった判断能力も歪んでいき、悪意のある黒魔術を追求し始めてしまいました。その悪意の矛先はレムリアのみならず、アトランティスへも向けられていました。なんと彼は、個人的に憎んでいたアトランティス文明に戦争を仕掛けて、支配してしまおうと企んでいたのです。

彼はずっとアトランティスの技術力がレムリアのそれを圧倒していることを妬んでいました。レムリアからアトランティスの司祭や科学者や製造主たちに技術提供を申し出た時も、拒否されたことがあったのです。彼はそのことをずっと恨み続け、心の内にアトランティスへの憎しみを募らせていたのです。

そしてついに、ボクロールは陰謀を企てることにしたのでした。オクモラの不動の意志には太刀打ちできないことは分かっていたので、真っ向勝負ではなく、奇策を練って対抗する必要があると考えました。

それからボクロールは、レムリアの生命を司る『母卵〈マザー・エッグ〉』の存在を知る数少ない人物でした。そしてそれが、レムリアの聖山である巨大火山カラコアの中心部に隠されていることも。ボクロールは脅迫までも用いた大掛かりな政変〈クーデター〉計画を立て始めました。人質となるのは、レムリアそのものです。

そうでもしなければ、オクモラには勝てないと知っていたのです。あの狡猾な老人は、この文明そのものが存続の危機に瀕している時でもないと、自分の権力を他人に渡そうと考えないだろうと思った挙句に出来上がった計画でした。

ボクロールは何か月もの間、人目を避けて隠密行動をしていました。目的は、『母卵』の本体に接触することです。意識で『母卵』のエネルギーを探求していくことで、その本体が煙の中から姿を現すように、はっきりと視えてきたのです。何か月もの間それだけを追い求めるという彼の並外れた集中力の果てに、赤っぽい時の霧の中からその姿はボクロールの前にはっきりと現れ始めました。

『母卵』は文字通り卵型の、直径35㎝ほどの真紅の結晶体でした。よく見ると結晶の内部には亀裂があり、中の光が外側に向かって反射しています。そのせいで、強烈な光線が周囲に放たれていました。そして彼は、その結晶がカラコア山の中心部にある洞窟の中に安置されていることを突き止めたのです。

オクモラ帝国の転覆計画を実行する前に、情報を極限まで精査する必要がありました。ボクロールは、あのセプリックを計画に組み込むことにしたのです。セプリックは単純で騙されやすい性格ですが、ある程度の野心も持っていました。自分の魔術を彼に見せた時に、崇拝にも似た強い憧憬の念を自分に向けていたことにも気づいていました。そんなセプリックなら自分の命令にも従順に従うはずだと考えたのです。計画が成功した暁には、自分の支配力を少し分けてやればいいだろうとも考えていました。こうしてセプリックもボクロールの駒として選ばれたのでした。

（権力への渇望が最後に闇に堕ちなかったことなど、果たして今までにあったのでしょうか？）

セプリックは、ボクロールから弟子にしてやると告げられました。しかし、弟子になる為にはある試験に合格しなければいけないとも。その試験とは、カラコア火山の火口から山の底深くまで降り、そこにある洞窟から赤く輝く石を取って地上に戻って来るというものでした。ボクロールは火口近くで帰りを待っているだけです。セプリックは喜び勇んで課題をやることに決めました。

火山の火口からは濃い煙が出ています。そこに入っていったセプリックは、大きな鼻で息を吸うごとに体が焼けるような熱さを感じていました。（セプリックは単純ですが、頑強で勇気があり、実行力のある男性でもありました。）

何度も死の危険に晒される場面がありながらも、セプリックはなんとか中心部にまで辿り着きました。そこは溶岩がブクブクと泡立つ灼熱地獄です。あまりの熱に、彼の視界にはたびたび火花が走るのが見えました。苦痛に唸り声を上げながらも、襲い掛かってくる劫火を押しのけて、セプリックは前に進み続けました。彼の辞書には『退避』の字は無いのでしょう。

うっすらと眼を開けていたセプリックの視界に、洞窟の入口らしきものが映りました。ボクロールの言った通りの場所です。歓喜と安堵の気持ちを感じながら、その禁断の扉を開きました。

直後、彼は闇の深淵に囲まれました。それは、かつて経験したことが無いほどの深い深い闇でした。同時に、眩い赤い光が、洞窟の奥から発せられているのが見えます。慎重にその光を辿って進んでいくと、その発光体の間近にまで迫ることができました。黒い石でできた鉢の中にそれは収められており、多方向に向けて赤い光線を発していました。それが『母卵』。結晶の中に流れる赤い光は、『生命の血液』がその透き通った内部に見えているようでした。

セプリックはその結晶に釘付けになっていました。動くことはおろか、呼吸すら止めて立ち尽くしていました。『母卵』の内に生命力が脈打つのを、じっと見つめていたのです。そのパルスは彼の身体にも、轟音となって伝わってきました。彼の身体に緊張が走ります。熱の所為か、空気が薄いからなのかは解りません。その音は次第に強くなっていき、気が付けば全身が『母卵』と同調して鼓動していました。

突如、セプリックがその卵型の結晶に慌てて接近します。それに触れようとしたのか、拾おうとしたのか、今では誰にも分かりません。彼の指が結晶に触れた瞬間、セプリックは驚愕しました。柔らかいのです。ゼラチンのような弾力性がありました。

ですが、彼の武骨な大きな指が、母卵の外膜に穴を開けてしまったのです！　穴からは透き通った赤い液体が滴りました。この世の何よりも赤い、光輝く液体です。開いた傷口からゆっくりと流れ出てきます。

セプリックは絶対的恐怖で叫びました。彼の恐怖と苦痛の慟哭は火山の中心部から飛び出た雷鳴として響き渡りました。最早セプリックの眼には恐怖しか残っていません。

洞窟から逃げるように飛び出し、彼は自ら泡立つ溶岩の沼の中に飛び込んだのです。そして彼の肉体は蒸発し、骨一本残らず消え去っていったのです……

火口のそばで瞑想状態にあったボクロールは、母卵に意識の焦点を合わせて、一部始終を視ていました。

恐ろしい神聖冒瀆行為をしてしまった。

皆の生命の血が、流れ出てしまった。

神の結晶から、血がゆっくりと滴り落ちていき……

それを目撃した彼の顔は、みるみるうちに何千年分も年老いていきました。一行に止まらず朽ち果てていく肢体を引きずって、ボクロールは燃え盛る火口の中に落ちました。

そして誰もいなくなったのです……

＊　＊　＊　＊　＊

セプリックとボクロールのお話は以上です。その後、彼らがどうなったのかご興味がおありの方もおられることでしょうが、このような破滅行為を犯した者に、地球に戻って来る未来が与えられていいものでしょうか？

まあ、それはともかくお話させていただきます。私は全てを視ていたのですから。全てをお話ししなければ、忘れることもできませんので。

ボクロールは神聖冒涜を犯した瞬間に、これまでに犯した自らの多くの過ちに直面することになりました。それ以来、彼はそれらの罪を償い続けています。実は彼は、現在すでに地球に戻ってきています。

彼が今、誰になっているのかって？　それは、ご自身で見つけられるのが良いでしょう。

哀れなセプリックのその後について。まず、彼は大きな犯罪行為に利用されただけだったということを念頭に置きましょう。ただ純粋で無知すぎたというだけです。

その後も地球上に何度も転生してきました。当時の彼が追い求めていた優れた知性も、大分身に付けてきています。今では私達の為に最も奉仕している一人になっていますよ。

第5章　オクモラの夢（母なる大地の終わり）

その事件が起きたその日の夜、オクモラは発作的に眠りにつきました。彼の心中は穏やかではありません。夢の中で、彼自身が『始まりの時』へと戻されていたのです。それは、母なる大地レムリアの、創造期の様子でした。

夢の中、若く美しい女性が空に現れ、空中を歩いて彼の方へと寄ってきました。彼女は手に何か大事なものを持っているようで、それは布の帯で幾重にも巻かれていました。赤ん坊かと思いましたが、違ったようです。

彼女はゆっくりと、一つの石塚の方に近づいていきました。石塚の上には小さな丸い水鉢が置いてありました。いえ、よく視るとそれは置いてあるのではなく、同じ石から切り出したもののようです。女性は水鉢の前に立ち、布に巻かれたそれを天に向け、太陽へと捧げました。

そして非常に古い時代の言葉で祝詞を唱えました。永い時間を生き続けてきたあのオクモラでさえも、その意味を摑むことができないほど古《いにしえ》の時代の言葉です。（これは、この惑星の全人類にとっての最古の言語だと言えるでしょう。その存在を知る者は、今ではわずか数人ほどです。）

その後、手に持ったその小包を水鉢の容器の上へとゆっくりと丁寧に降ろしました。次に布をほどいていきます。彼女の頬を涙が流れます。全ての母が初産の苦痛で叫ぶように、彼女は泣き叫びました。包み布の中から、それは現れました。水鉢の暗みに静かに横たえられたそれは……オクモラは確かに視ました。それは、『母卵』だったのです！

そこでの時間は凍り付いていました。いいえ、時間というものが存在していないのでした。太陽が頭上で輝いています。その女性の目からは涙が溢れ、両腕を太陽へと掲げて、古代の祈りを何度も捧げ続けています。太陽は彼女の真上で、真昼の輝きを放っています。そして、太陽から目もくらむほどの強い光の柱が降りてきました。光の柱は、『沈黙の卵』が安置された水鉢を貫きました。

その瞬間、静寂の中に雷鳴が響き渡りました。女性はその場に力なく倒れ、涙を流しました。不思議なその卵からは、赤色の光が発せられ始めました。『母卵』の割れ目は太陽が地球に進入した時にできたものだったのです。あの真紅の反射光は、この時のことが原因で放射されることになったのですね。

オクモラはそれを目撃していました。その若い女性が、石塚に『太陽の進入口』を作った時の様子を。そして彼女が石塚に這い寄ろうとすると、眼前で入り口は閉じてしまったのです。

空が急速に暗くなり、塵が舞い始めました。空中に舞い上がった石や灰などが擦れて、稲妻が発生していました。次の瞬間、オクモラは暗闇以外の何物も視えなくなりました。しばらくしてから闇が薄れていき……石塚はレムリアの先祖伝来の山である、カラコア火山へと変貌を遂げていたのが視えました。

オクモラが夢から覚めました。目が覚めてもなお、身体の震えが止まりませんでした。体中が汗でぐっしょり濡れています。酷い夢を視たものだと思い起き上がり、まずは冷たい水で顔を洗いに行きました。そして、彼は祈りを捧げました。すぐには落ち着かず、そわそわした様子で部屋の中を往復します。しばらくして、ようやく落ち着きを取り戻してきた彼は、自身の内側深くから話しかけてくる声を聴きました。どうやら、もう一度眠りにつかねばならないようです。それ以外に、どうしようもなかったのです。

オクモラが横になると、すぐに深い眠りへと落ちていきました。夢の中では、火山の中心にある小さな洞窟の中に立っているのが視えました。初めは見間違いかと思いましたが、よく目を凝らすと、あの石塚だった大きな岩が無くなっているではありませんか。ですが、そこにはとても体の小さな、信じられないほど年老いた女性が視えたのです。

オクモラはその光景に、雷に打たれるほどのショックを受けました。彼も、何千年の年月を生き続けてきた男ですが、彼女ほど年老いた人間を見たことが無かったのです。彼女の身体には、もはや骨も残っておらず、前回の夢で見た若い頃の彼女の面影はどこにも残っていません。ですが、確かにあの女性が自分の目の前にいるということは分かっていたのです。彼女の目には深い悲しみと、大いなる智慧の光が映っていました。その目で、オクモラをじっと見つめています。限りなき智慧に圧倒されそうです。

「オクモラ」ようやく彼女は言葉を発しました。かすれた声で話し続けます。「私はマ・ア。万物の母。原初に此処へと遣わされた者。私が創ったこの『母卵』から、母なる大地は生まれ、その上に生まれた全生命体の母が、私です」彼女のしわだらけの顔に、涙の川が流れます。「オクモラよ、レムリアに残された時間はもう多くありません。母なる卵には穴が開き、そこから生命力が滑り落ちてしまっているのです」

そしてオクモラは、火山の内部であの日起きた事件の一部始終を目撃しました。ボクロールの恐ろしい陰謀と、セプリックとボクロールの最期の瞬間を。滅びゆく『母卵』の姿も、その時にはっきりと視えました。卵から流れ出る、液体光の赤い血を視て、恐ろしさに震えが止まりません。

「そんな……そんな馬鹿な！」その光景を受け入れることができず、頭を抱えてうずくまります。

「どうして、止めることができなかったのだ！」

マ・アは答えました。「賢き者よ、これは防ぐことのできない宿命だったのです」

オクモラはまだ悪夢を受け入れられず、訊き返します。「我々には……まだ残された時間があるのだろうか？」

「長くとも八日でしょう。もう決まっているのです。レムリアの終焉の時が来ることは、決定事項なのです。受け入れる以外にありません。覆しようがない、真実なのですから」マ・アの目は疲労と絶望に満たされていました。

彼女の姿が急に弱々しく、侘しそうに見えてきます。闇の中に独り佇む、小さな老女のようです。「さあ、国民全員に知らせに行ってちょうだい。もしかしたら、逃げられる者もわずかにいるかもしれない。いいですか、オクモラよ。レムリアはもう滅びるのです。どうか、貴方のできることを全うしてちょうだい」

そう言い残すと彼女の姿は更に薄れていき……終には影も残さず消えてしまいました。残されたのは、彼女の物憂げな顔の記憶のみ。独り残されたオクモラは、この大きすぎる難題を抱えることになったのです。ですがこの使命を託されたのは、彼を置いて他にはいませんでした。かつてないほどの孤独感です。

母なる大地の終わりが刻々と迫ります。

第6章　一元性〈ワンネス〉で満ちている結晶の洞窟（今生の別れ）

「嘘だ！」オクモラの寝室に叫び声が響き渡ります。恐怖を帯びたその声の主は、オクモラでした。自分の叫び声で飛び起きたオクモラの顔は青ざめており、体の震えが止まりません。氷のような冷たい恐怖感が、彼の内側で渦巻いていました。そう、最早疑いようが無かったのです。これ以上の証拠など必要ありませんでした。自分がみた夢が絶対的真実であることについて、もうこれ以上の説明は要りません。

『だが一体、どうすればいいのだ……？』オクモラは、解決の糸口を見つけようと考えに考えます。『計画を立てねば……何か手はあるはずだ。だが、誰に話せばいいというのだ？　こんなことを相談できる者など、いやしない。もし誰かに話しでもすれば、それは勝手な噂となって民衆の間に波のように拡がり、恐ろしい混乱を引き起こすだろう』

オクモラの思考にアルタザールの姿が現れます。せめて、自分の後継者として重宝していたあの男だけでも、と考えたのでしょう。『この天変地異が必然だというのならば……我々の内、一人だけでも生き延びなければならない。アルタザールには生きてもらわねばならん』

こうして彼は、アルタザールだけをラパンヌイ島へ派遣する指示をその日の朝に出したのでした。アルタザールの任務というのは表向きの理由であって、その実、予め彼をレムリアから脱出させておくというのがオクモラの狙いです。

次にオクモラが向かったのは、この国でもっとも神秘的な場所である、『暁の塔』でした。古くなってくたびれた螺旋階段を息を切らしながらもゆっくり昇り、ある部屋の前に立ち止まりました。震える老いた手で部屋の鍵を開け、中に入ります。

部屋の中は真っ暗闇だったので、まずは天窓を開けることにしました。部屋に光が入ると、部屋の中央にあった巨大な結晶体から眩い光が放射されました。

この結晶のことは、彼以外にその存在を知る者は誰もいませんでした。遠い昔、アトランティスからの初めての来訪者であったアルタから授かった宝物でした。しかし、その使用には最大限の注意が払われるように警告がされていました。その結晶には、地球を取り囲む磁気格子を通して、『9〈ナイン〉』と直接連絡することができる力が備わっていたのです。それを使用する時が遂にやって来たというわけです。

オクモラは自身の頭頂から伸びている、見えざる黄金の糸を真っすぐに伸ばしました。そして、『至高の意識』まで自身を高め、それから両手を結晶にかざしました。両手は結晶に触れてはいませんが、エネルギー場同士が触れ合うところまで近づけたのです。その空気を撫でることで、エネルギーを感じます。初めは冷たかった空気が次第に暖かくなり、熱くなってきました。結晶が活性化した証拠です。次に、オクモラは祈りの言葉を詠唱しました。その日までは、詠唱される必要が無かった音です。その発声音で全身を振動させ、結晶を見つめることで、結晶の内に自分自身を見出しました。そして、彼は結晶の内側へと踏み入れました。

次の瞬間、オクモラは洞窟らしき場所の内側に立っていました。洞窟の壁は透明な水晶で覆われていて、柔らかな白色光が放たれています。それらの光は結晶の間で屈折し、反射して、まるで光が踊っているような幻想的な風景を作り出しています。床には金とラピスラズリ石で模られた、大きな八芒星の模様があります。その星模様の中央部の1メートルほど上には、透明な水晶球が浮遊していました。水晶の中には、星天の分子雲が渦を巻いているのが見えます。

それの一歩手前まで歩み寄ると、オクモラは両手を掲げて、古代式の敬礼をしました。すると、両手から精気が流れ込んでくるのを感じます。その瞬間、誰かが周囲にいる気配を感じました。目を凝らしてみると、白い衣に身を包んだ9人の人間の形が浮かび上がってきました。その内の8人は、八芒星の角にそれぞれ立っています。身につけている銀色の腰巻きには、9本の紐が巻かれていることにオクモラは気づきました。彼らの顔ははっきりと見えず、性別すら曖昧でした。9人目は浮かんでいる水晶球を挟んでオクモラの反対側に佇んでいました。両手を上げているのが見えます。手のひらはオクモラの方に向けられているようでした。その手をよく見てみたら、大変驚きました。その両手には4本ずつの指しか無かったのです！

オクモラは思いました。『なんと……4本指の者たちについての伝説は、本当だったということか』（残念ながら、私は現時点でこの伝説についてお話しすることはできません。それとも、もしかして既に思い出した方もいらっしゃるのでしょうか。）

オクモラは目の前に立つその存在が身につけている腰巻きに目をやりました。なんと、その金色の腰巻きには、11本の紐が巻かれています！

レムリアの長老オクモラは、そのまましばらく佇んでいました。両手は水晶に向けて掲げたままでです。ですが、その願いはついに思考から言葉になって漏れ出しました。

「母なる大地の破滅は近く、母なる卵は最早死にゆく運命。残された時間は少ない。我々にはあなた方による救いが必要です！」

彼の感情も同時に周囲に放たれましたが、すぐにまた静寂が戻ってきました。なんだか気が抜けたように感じ、オクモラの心が平穏に満たされていきました。洞窟は一元性〈ワンネス〉で満ちていました。時間の感覚は無くなり、調和だけがそこにありました。

彼の超意識を通して、返答が送られてきました。

『螺旋は巡り、再び始まりへと還るだろう。周期の完了こそが、それ自体の意思である。全ての始まりは、終わりの種をその内に含んでいる。この世界へと顕在したものは、いつか全てこの世界を去ることになる。一元性からの分離がいつであったかが問題なのではなく、いつか全てが必ず一元性へと回帰する。レムリアはいま、消滅する天命にある。至高の計画が、そう呼びかけている。破滅までの時を伸ばすことは叶わない。これは自然の摂理なり。オクモラよ、よく聞きなさい。母なる大地の運命が満了しようとしている。お前の目で完成の時を見なさい』

オクモラは黙っていました。全てを悟ったのです。頭を垂れ、感謝の意を表し、眼を閉じました。ゆっくりと眼を開けると、塔の部屋に帰っていました。目の前にあるはずの巨大結晶は、無くなっていました。在るべき源〈ソース〉の下へ、還ったのでしょう。

不憫なオクモラ……運命を知り、理解はしたものの、彼の内には大きな悲しみが残されています。慎重に天窓を閉めてから、優しく部屋の鍵をかけました。暁の塔そのものに、今生の別れを告げます。

塔を降りる頃には、空はすでに暗くなっていました。どういうわけか、塔にいる間に七日間もの日数が経っていたようです。その夜、彼は最終緊急会議を開くために、タナ委員会を招集することにしました。

第7章　昇天〈アセンション〉（レムリアの大地と共に）

タナ委員会の面々を前に、オクモラは回想を終えました。全てを見てきたその老いた目を、追憶から今度は円卓の面々の方へ向けました。各々の目の奥底まで見つめていきます。その目元は、常に涙で潤んでいました。

「すでに知っていた者もおるのだろう？　儂《わし》の思考に波長を合わせればいいだけだからのう。そこに、この話の全貌が記録されておるよ」そう言い終えると、オクモラはしばし一考してから、彼らしい威厳に満ちた声で宣言しました。

「タナ委員会に告げる。これが我々にとっての最後の会議となるだろう。今回、お前たちに伝えたかったのは、レムリアの終わりがすぐそこまで迫っているということだけだ」彼が見た二つの夢の話をしました。委員会はそれを敬意を持って静かに聞き入り、その話から宇宙的な規模の叡智を受け取ったのでした。

「天の彼方にある、我々の起源へと還る準備をしようではないか。さあ、立ち上がり、手と手を取り合い、一なる存在へと旅立とう！」

一同は立ち上がり、お互いの手を堅く握りました。涙を流す者も多くいました。勇気の火を目の内に燃え上がらせる者もいました。逃げ出して叫びたくなるような恐怖を、必死で抑えつけている者もいました。しかし、彼らは一なるものとして団結したのです。その時、頭上に伸びた彼らの黄金の糸が、上に向かって引っ張り上げられているのを感じました。引き上げるその力は強くなり続け、やがて肉体を感じないほど軽くなり、地に足がついていないような感覚になりました。彼らは手に手を取り合い、佇んでいました。すでに空中に浮かんでいます。皆で一つ、一なる存在として。

雷鳴が轟く中、彼らは一様に空高くへと昇っていきました。建物の天井はすでに爆発の連続によって、吹き飛んでいました。

昇天〈アセンション〉を遂げた彼らの眼下には、新しくできた火山から吹き出る溶岩と、燃えていく自分たちが住んでいた国がありました。

レムリアの大地に、大きな裂け目が現れます。

奈落の底へと飲み込まれていく街と、燃えていく国民たちの、世にも恐ろしい叫び声が空中にこだまします。動物たちも逃げまどいます。

破壊と混乱と激怒だけが、そこにはありました。

そして……

最後には静寂だけが残りました。

母なる大地レムリアは小さな無数の残骸になったのです。

そして彼女の最期の吐息と共に、すべては母なる海の中へと滑り落ちていったのです。

＊　＊　＊　＊　＊

超大陸レムリアは以上のように終焉を迎えました。私は、一部始終を頭上から視ていました。

もう二度と、このような恐ろしい光景は視たくないと思いました。

ですが、最悪なことに、惑星地球上では同じ悲劇が何度も何度も繰り返されてきたのです……

それを知ることがどんなに辛いことか、皆様ならばお解りになってくれるでしょう？

第8章　孤島ラパンヌイ（レムリアの主要式典所）

レムリア本島からはるか遠くの海に浮かぶ、絶海の孤島。ラパンヌイ島での静かな夏の一夜を、アルタザールはわらぶき屋根の小屋の中で過ごしていました。小屋の扉からは、太陽が水平線に沈むのが見えました。うねる海面には赤色とオレンジ色の輝きが反射して、その絶景はアルタザールの目を釘付けにしました。輝く太陽の下、崖の上に佇む一本岩のシルエットが、島全体を静かに見下ろしています。

絶海の孤島ラパンヌイ島は、実はレムリアにとっての主要式典所として機能してもいました。そのため、特別な司祭階級の者たちだけがこの島に居を構え、秘密の儀式を執り行っていたのです。このことは、ほとんどのレムリア人が知らなかった事実です。彼らの寺院は質素な造りで、儀式のほとんども屋外の『守護岩』の前で執り行われていました。

（外界の力場には、常にそれに対応する内界の力場が存在します。大方の人は目立つ方である外的力場に注目しがちですが、私の場合、常に隠された方の内的力場を選ぶことが多いです。外側の力場は政治の中枢や、公権力の行使がなされる場などになりますが、内側の力場はより純粋な霊的力場であり、したがって何千㎞も離れた場所まで作用する力を生み出すことが可能です。こういった力場を通して、惑星中に影響を与えることも可能です。ラパンヌイ島はまさにそのような力場の一つだったのです。）

祭司たちは草花の抽出液〈エッセンス〉を用いた治療法を磨くことで、独特な霊的治癒術を発展させていました。それらは修行を積んだ限られた者にしか伝授されない技法であり、治癒の一番の対象となるのは、万病の原因である『心的不調和』を整調させることにありました。これは当時のレムリア人達の間で最も流行していた治療法でもありました。

更に、祭司たちの間に伝わっていた技法の中には、星天エネルギーと調和するための技法も存在していました。ラパンヌイ島のような遠方地には、星空が良く見渡せるという最大の利点があったのです。ですから、彼らほど地球外生命体との間に次元間の繋がりを持っておいた人達はいなかったのです。石の巨人たちがこの宇宙エネルギーの導管となっていました。祭司たちは島の内側に神気を凝縮した力場を創り、それを星天の映し鏡として使用していました。ですが、その中にはネガティブなエネルギーを持つ者たちもやってきていたのも事実です。

（ラパンヌイ島の本当の名前は、現在使われている言語では表すことができません。現時点では明かすことができない、ある強力な魔術言語が使われており、それには真の目的がはっきりと表れています。ラパンヌイ島は、『空を見つめる目』として知られていたということだけ申し上げておきましょう。皆様の中には、これでお解りになる方もおられるかもしれません。）

今回のアルタザールの任務は、祭司たちの間に侵入した悪意を見つけ出し、再調整することでした。これまでこなしてきた任務と同じように、今回も容易く完了できるはずでした。彼は密かにアトランティス式の秘密訓練を受けていた過去があったので、人の目を見るだけで不正を識別することができる『真実の目』の能力を持っていたからです。4日間もあれば不純なエネルギーを持つ者を見つけ出し、再調整を施していくことなど造作もなく、すぐ済むことだと楽観視していました。

任務遂行のため、まずは島の司祭達が処方した幾つかのフラワー・エッセンスと、それから結晶を用いた総括的治療法の二つを組み合わせることにしました。（結晶療法も、アトランティスで彼が身につけた能力の一つでした。）この組み合わせにより、フラワー・エッセンスによるエネルギー不調部分の浄化に加え、活力が弱まっている各チャクラの再活性化もできました。逆に、強まり過ぎていたエネルギーも中和して、再調整をすることができたのです。

この療法を4日間の間続け、エネルギー不順に陥っていた者たちを見つけ出して治療していくことも無事に終わらせていけました。治療を終えた者たちは各々の日常へと戻っていきました。自分の仕事具合に満足したアルタザールは、もうこれ以上の問題は無いだろうと踏んでいました。

そして、彼がラパンヌイ島での最後の夜を過ごしていた場面に戻ります。次の日の朝にはもう、アーナヘムへと発つ予定でした。ディアンドラのことが恋しくなってきます。一緒に旅をしたかったと考えながら、この島での独りの夜を過ごしていました。彼女と一緒だったのなら、任務があっても二人でもっと楽しく過ごせていたはずだと。でも、いくら大切なディアンドラにも、この島の本当の役割を教えるわけにはいきませんでした。これは秘密事項でもあったのですから。まあ、彼女ほどの精神感応能力があれば、言葉無しでも勘づいてしまうかもしれません。いや、もう既に知っているのかも。『全く、素晴らしい女性だ。繊細で無限の研ぎ澄まされた感覚を持ちながら、しなやかで強靭な、活力のある女性ディアンドラ』

アルタザールはしばらく彼女への思いにふけっていました。夕日は既に海の果てに完全に沈み、辺りは真っ暗闇です。平和な夜の雰囲気が、魔法の島を包み込んでいました。

そろそろ床に就こうと、ベッドに横たわりました。ですが、どうも寝ることができませんでした。出どころの分からない不安感が邪魔して、とても眠れそうもありません。明かりも一切無い暗闇の中で目を開けたまま、押し寄せる波が岩に当たる音に聴き入っていました。

そうしていると、何故だか自分がひどくくたびれた老人のような気がしてきました。『はやく自分の島に帰り、愛する皆に会いたいものだ』そう思うと、今度はディアンドラが近くにいるような気がしました。こちらに微笑みかけ、手招きをしています。アルタザールの胸は愛情でいっぱいになり、彼女に微笑み返しました。愛の噴水が彼の内側から湧き出ているようでした。

そして、悲劇は起きました……

物凄い爆発音が何度も、遠い遠いところから聴こえてきたのです。観ていたディアンドラのイメージも、酷く動揺している表情を浮かべました。今度は苦しそうな表情を浮かべたと思ったら、突然彼女のイメージがふっと消えてしまいました。

アルタザールは飛び起きて、小屋の外へと駆け出しました。大地が揺れています。ラパンヌイ島そのものが、断続的な地震で揺れているようでした。崖の一部が崩れて、海の中に落ちていくのが見えました。空は恐ろしげな暗黒の雲に覆われていき、水平線の彼方には燃え盛る赤い光が見えました。まるで天地がどちらも火事に遭っているかのような光景です。それを見た彼の心は、恐怖に覆い尽くされました。その光景は、どう考えても破滅と死の気配を帯びていたからです。

茫然としていたアルタザールですが、すぐに戦士としての心を内側に呼び戻すように努めました。ディアンドラともう一度交信しようとしました。しかし、応答がありません。アーナヘム島に意識を集中するも、視えてきたのは漆黒の荒れ狂う海だけでした。暁の神殿を視て、オクモラに呼びかけてみようと思いました。オクモラとは距離は関係なく、いつもこうして交信をしていたからです。しかし、彼に視えたのは、火山から吹き出た溶岩の中に飲み込まれていく暁の神殿でした。

「オクモラは……？　一体、何が起きたというのだ……？」オクモラの姿はどこにも見当たらず、彼は涙を流しました。

「皆はどこだ？　アーナヘムは、レムリアはどうなってしまったのだ！　私の妻は？」

吹き荒ぶ激情の嵐の中でも、諦めずに探し続けるアルタザールでしたが、その心の奥底では勘づいていました。全てが終わったということに。レムリアはもう無くなってしまったということに。

ですが、なぜ？　どうして沈んでしまったのか？　分かっていたのは、レムリアはもう無いということだけでした。

彼の国民たちも、島も、愛する女性も、故郷も、すべて、何もかもが一瞬で消えてしまったのです。

それを悟った瞬間、彼の内からは一切の光が失われていきました。

アルタザールは、絶望の沼の底へと沈んでいったのです。

第9章　生存者アルタザール（アトランティスへと向かう）

ラパンヌイ島に朝日が昇ります。夜明け、そして新しい一日。世界は常に変化しています。変化は時に、私達を待ってはくれません。レムリアはこの世から消えてしまいました。レムリアの痕跡は、太平洋に点々と浮かぶ小さな火山島を除いて、全て無くなってしまいました。

その日も海鳥が空を舞い、海に飛び込んで獲物を捕まえています。何も変わらない、いつもの通りの日常の風景です……あの恐ろしい出来事を無かったことにできたのなら、どんなに良かったことでしょう。

何人かの祭司たちは、前の晩に何が起きたのかを探るためにも、島中の損傷を見て回っていました。ラパンヌイ島の一部は完全に海の底に沈んでしまったのです。いくつかの歩道も破損がひどく、中には海の中に真っ逆さまに続いているものもありました。石の巨人像も、何体かひっくり返ってしまっています。ですが、島そのものはなんとか生き残っていたのでした。

アルタザールはまだ、小屋の中から出ないでいました。前の晩から一睡もせず、へたり込んだ場所から動かずにいたようです。空虚な瞳をレムリアがある方角の海へ向けたまま。もう何も考えられません。何の感情も湧いてきません……アルタザールに残っていたのは、絶望感のみでした。

あの後もひたすらレムリアの生存者を探していました。ですが、手がかりは何も摑めず、深い絶望の内に打ちひしがれていたのです。最期の時なのに愛する国民と一緒にいてあげられなかった自分自身を責めました。『なぜ、自分だけが生き残らなければならなかったのか?』『オクモラは既にこのことを知っていて、そのために私をこの地まで送ることで、生き永らえさせたのではないか?』疑問が次々と浮かんできます。彼はオクモラの特別な寵愛を受けていることには気づいていませんでした。

あの爆発音が聞こえた時の、ディアンドラの苦悶の表情が忘れられません。彼女はこのことを予期していなかったことは確実だと、彼の勘が言っています。『なぜアトランティスの民は、彼女を守ろうとしなかったのだろうか?』『あれほどの優れた霊能力を持ちながら、なぜ彼女はこの大災害を予知できなかったというのだ?』『さぞや痛かっただろう。苦しかっただろう』『なぜ、傍にいて守ってやれなかった』

いま、彼には帰る家も無くなり、ラパンヌイ島に取り残されてしまったのです。ここで人生が終わったかのように思いました。国民と愛する女性を、自分の所為で失くしてしまったのだと思い込んでしまったのです。生まれて初めて罪の意識を感じていました。生存者特有の罪悪感です。

その時、誰かがそっと肩に手を置いたのを感じました。アルタザールが振り返ると、ラパンヌイ島の若き司祭ソラナがそこにいました。先日までの治癒作業に彼も一員として加わっていたのを覚えていました。

ソラナはアルタザールの横に腰かけました。ソラナは背が高く、たおやかな黒髪を持つ美男でした。一見、男性とも女性とも見分けがつかない中性的な顔立ちです。耳たぶに大きなピアス穴を開けて、そこに白い貝殻をはめ込むというラパンヌイ島民特有のスタイルがありますが、彼の耳にもそのような大きな貝殻が入っていました。レムリア人がラパンヌイ島民を指して『耳長族』と呼んでいた所以でもあります。

ソラナは生まれてからずっとこの島で司祭として生きてきたので、非常に透き通った精気を持っていました。アルタザールの目を覗きこむ大きな緑色の瞳は、アルタザールの苦境に同情を示しているように思えました。この健康で優しそうな若者と比べ、自分がどれだけ惨めに見えていることか。アルタザールは追い打ちをかけられる想いでした。

ソラナは彼に琥珀色の液体が入った小瓶を手渡しました。「友よ、これを飲んで」静かな声で促します。

「これは、フラワー・エッセンスではないか？」アルタザールはかすれた声で返答します。

「そう、君の心に空いた穴を埋め直して、元気をくれるよ」

アルタザールは言われた通り、それを飲み干しました。心の傷が癒えようが、元気がつこうがどうでもいい、自暴自棄の気分でした。

ソラナは立ち上がると、アルタザールに言いました。「そこまで行こう。皆が君と話したがっているよ」指をさした先には、閑散とした寺院が見えます。

落ち込んでいるアルタザールの手を取り、二人で丘の上にあるその寺院まで歩きました。アルタザールは疲れ切って歩くのも億劫でしたが、ソラナが歩調を合わせてくれました。この若者からはとても温かなエネルギーが出ているのが感じられました。寺院に着くと、アルタザールはかすれた声で彼に礼を言いました。

寺院の入口には丘の内部の中心まで続いている、長いトンネルがありました。二人がその中を進んでいくと、やがて開けた長方形の広間に着きました。そこには数人の司祭が彼らを待っていました。皆、色調の異なる緑色の質素な布を衣服として身につけていました。一般的なレムリア人よりも肌が白くて、珍しい赤みを帯びた髪や髭を持つ者もいます。（赤っぽい体毛を持つ者は、この惑星とは異なるエネルギー源からここへ定住したと言われています。）

アルタザールは時折、自分がどのような人物であったのかを忘れそうになっていました。何とか昔の調子を思い出して、その時のように振舞おうとしていましたが、彼の中には絶望と、ぽっかり空いた心の穴があったのです。王としての作法を思い出して、行儀よく振舞おうとしても、身体がそれに追いつきません。彼の内側で、何かが欠けてしまっていたのです。彼の人生そのものが大きく変わってしまったことが原因なのでしょう。ですから、そのことに気を取られてしまって、たまに周囲への注意力が散漫になっていました。

司祭たちはアルタザールを視診し、彼が受けた心の傷を見極めることで、治療法を見つけ出そうとしました。様々な色の液体が手渡され、アルタザールは何も考えずにそれらを飲み干しました。

アルタザールは、結晶療法を自分に使ってはどうかと尋ねられました。(彼しか正しい使い方を知らなかったからです。)アルタザールは首を横に振ると、結晶を使うことはおろか、もう生きていたくないとすら口にしたのです。(このとき、彼の現実否認の心の働きが、彼自身の人生にも向けられていました。)

沈黙の後、一人の司祭が口を開きました。

「貴公が視たように、母なる大地は消滅した。誰かが、『母卵』に取り返しのつかない傷を負わせたからだ。貴公には、アトランティスに向かうことを勧めよう。そこにしか、貴公に必要な治療法が無いからだ。レムリアが惑星の磁界格子から切り離された時の衝撃によって、貴公の霊気膜にも穴が開いてしまったのだ。その傷は、結晶療法を使い再構築することでしか完全には癒えぬだろう。ここには、貴公をアトランティスまで瞬時に転送する術は無い。瞬間移動装置には水晶による出力増大が必要だが、レムリアと共にそれらはすべて海に沈んでしまったことだろう。したがって、貴公は長く困難な旅をすることになる。海を渡り、未開の地を歩いて渡ることになるだろう。だが、アルタザール殿、貴公は行かねばならぬ」

アルタザールは地に足つかない様子でしたが、話は理解したようで、首を縦に振りました。

「貴公の旅に、ソラナも同行させることにしよう。ソラナには、アトランティスの７の同胞団に向けての伝言を持たせておる。この地でも、我々がやらねばならぬ事は山積みだ。このままでは我々の未来もどうなるかは定かではない。したがって、いまは一人しか、貴公に付けることはできぬのだ。今夜は寺院に泊ってゆかれるがよい。我々の持てる限りの力で、最大限の治療を施すことにしよう。明日の朝、舟で南へと向かい、それから東に向かうのだ。西に向かう海流が強く、長く険しい道程になることは否めないが、できるだけの対策をここで練っていくのが賢明だろう。ラパンヌイ島からアトランティスへ辿り着こうとした者は、かつて現れなかった。それでも、貴公は為《な》さねばならぬ。我々の為にも、貴公の民に報いるためにも」

アルタザールは話をちゃんと聴いておこうと、自分に向かって飛んでくる言葉に注意を向けていたのですが、言葉は空っぽの心の中で虚しく響き渡るのみでした。

ソラナはそんな『いと高き王』の様子を見つめながら、自身の高い知性と繋がり、アルタザールの背負ったものの重さを完全に認識していました。この旅が成功するかどうかは、彼の細い両肩にかかっていることも。気が付けばソラナは頭を下げていました。『この任務、必ず成功してみせる』そう決意しながら。

＊　＊　＊　＊　＊

アルタザールとソラナは、偉大なレムリア帝国の最期の痕跡から、アトランティスへと続く未知の地へと旅立つことになりました。故郷にはもう二度と戻れなくなるとは、この時の二人には知る由もありませんでした。私はその全てを視ていました。どうでしょう、もうお分かりになりませんか？

第10章　大冒険への旅立ち（ソラナと共に）

翌朝、険しい崖を慎重に降りていく人影がありました。ここにあったオロンゴの小沼も、あの大事件の後に大部分が海の中へと消えてしまったのでした。一行の目指す先は、水の上に浮かぶ小舟でした。数日前の地震でなぎ倒された木々に結び付けられていたその小舟は、まだしっかりとそこに残っていました。この帆船はラパンヌイ島の火山の火口内側深くにある秘密の湿地帯から持ってきた『トトラ藁』を使って造られており、小さいながらも木製の小屋付きで、中には長旅に十分な量の保存食などの備蓄がされていました。

アルタザールとソラナの出発前、司祭たちは別れの歌を優しく静かな声で歌い、二人の旅の成功を祈りました。崖の上にも他の司祭達が来ていて、一緒に歌を歌いながら、たくさんの花を投げて二人の旅立ちを祝福しました。

アルタザールとソラナが司祭達にお辞儀をすると、司祭長が二人の指を白いペースト状の液体が入った器の中に入れました。そしてその指についた液体を、二人の顔に優しく塗りつけました。海を渡る二人の道中を守護してくれるおまじないでしょう。

『海の主』の異名を持つという老いた男性がソラナに手招きをして、少し焦ったような口調で何かを伝えると、網のような不思議な形をした物品をソラナに手渡しました。物品は藁で造られており、迷路のような渦巻模様が見えます。どうやらこれは、東方の海流を示す海図のようです。結果的に二人はレムリアまでの直接の道程の、二倍もの距離を旅行することになったのです。東から西へは非常に強い海流があるため、それを避ける為にもまずは遠く南へと進む必要があるためでした。ここの島民たちにとっては子供の頃から教えられてきた知識なので、ソラナもこれらの地図に馴染みがあり、容易に理解することができたのは幸いなことでした。

アルタザールは舟に乗り込むと、思いのほか弾力性があって驚きました。軽くて若干脆く見える素材でできていますが、長旅にも耐えられそうな丁寧な造りです。レムリア製の舟は、丸太をくりぬいて作った頑丈で無骨なものが大抵なので、アルタザールにとっては馴染みのない感触だったのです。

ソラナの目はまだ見ぬ未知の世界を向いて、キラキラと光っていました。アルタザールに続いて彼も舟に乗り込むと、舟はさらに水の中に深く沈みましたが、何とか大人二人の重さに耐えられるようでした。

朝日に照らされたソラナは、とても美しい男性に見えます。その顔はまさに彫刻のよう。若さがほとばしる細身の身体は、優雅さと高貴さを隠しきれず。その美しい肢体の動きはまるで天使が舞っているように見えました。ソラナはうなずくと、アルタザールに言いました。「大冒険の始まりだね！」

二人の舟は岸辺を離れ始めると、ソラナは両手を高く掲げて、ラパンヌイ島の石の守護神たちにお別れの歌を贈りました。透き通った綺麗な声をしています。

木のオールを丁寧に扱いながら、アルタザールの口元にも笑みが浮かびました。目には相変わらずの寂しさがありましたが、これからの冒険の旅がどんなものになるのか、楽しみであるという気持ちは否定できないようです。

この日は、良い一日でした。前の晩も、司祭たちは一晩中彼のために歌ってくれて、フラワー・エッセンスを与えてくれて、良い香りのする植物を使って全身をマッサージしてくれたのでした。ソラナの歌声と共に、島で過ごした時の楽しい思い出が甦ってきます。「まことに素晴らしい島だな」思わず、感嘆の言葉が口からもれていました。「ラパンヌイ島が生き残ったのには、理由があるのだな」例えばソラナ一人を見るだけでも、純粋さと綺麗な心が育まれる土地であるというのが解ります。「私のようなレムリア本島に住む者よりも、この島に住む住人たちの方が余程、我々の祖先に似ている……」アルタザールは古代レムリア人の話を思い出していました。

「古代レムリア人。彼らは男女という性別を持たない存在だったようだ。見た目も、男性とも女性とも区別がつかず、どちらの性もその内に秘めていたのだという。遥か昔の時代の種族は皆、雌雄同体であったということだ。いまの我々のように性別が別たれたのは、それよりもずっと後の世のことで、古の時代では一人一人が個人としてもっと完成していたのだな」

ソラナは歌い終わると、貰った海図を手に取りました。揺れる船上をゆっくりと歩き進んで舟頭に立ち止まり、水の中に片手を突っ込みました。海流が流れている方向を確かめているようです。海図と照らし合わせて、道に迷っていないか見ているのでした。舟の進む方向をじっと見つめたかと思えば、もう一度、今度は別の歌を歌いました。（ラパンヌイ島の人々は歌うのが大好きです。話すよりも歌う方が好きだったりします。）

今度の歌は、大海の精霊に呼びかけるための歌でした。ソラナは精霊たちに、旅の加護をお願いしていました。ソラナの歌を聴いているうちに、アルタザールは抜けるような青空の下で笑い声を響かせました。光輝く、限りなき母なる海の上に、ゆかいな音楽。アルタザールは純粋な喜びを感じていました。

いと高き王も、歌を返しました。気づけば歌っていた自分自身に、驚いていた様子です。その歌は、全ての生物の中に生きる『水龍』を讃える歌でした。アルタザールの深く響き渡る声で歌われた歌は、悲しみを帯びた優しさがありました。龍たちを泣かせるほどの感動の歌声です。水龍たちの涙が泡となって、広大な海の水面で光っているように思えました。水に両足を入れたまま歌に聴き入っていたソラナの眼にも、涙が浮かんでいました。

続いてソラナが楽しげな、お祭りの歌を歌いました。島の友人たち、クジラ、イルカなどについて歌われている、ハッピーな歌です。

宇宙の果てまで続いているような、限りない青の中を二人は進んでいきました。海上の旅は順調で、晴れやかな時間が過ぎていきました。本当にあっという間に時間が過ぎていき、空は昼から夜、夜から昼に次々と変わっていきます。夜は星々のサナギの殻に包まれて、二人は静かで豊かな夜を楽しみました……そうして、目的地へ向けて、前へ前へと進んでいきました。

数週間も経てば、二人はもう親しい友人になっていました。何でも打ち明けられる、大好きな友達です。静寂の時も、無限の空と海の広がりも、夜の星空の屋根も、二人で楽しく共有できます。お互いに心を開き、経験だけでなく知識や、お互いの土地に伝わる伝説を教え合いました。魂からお話をすることができたのです。

それからまた数週間が経ち、そのまた数週間が経って、数か月もの時間が経ちましたが、二人の船旅はまだ続いていました。代わり映えの無い平穏な日々が過ぎていきました。アルタザールにとって、過去の日々はもう死んだ思い出になっていました。あの頃の記憶は、内なる空白の中にゆっくりと着実に消え去っていき、もう蘇ることもなくなってきました。レムリアで過ごした日々が、まるで遠い過去の日々のように、あるいは失われた夢の記憶のように、霞んでいきました。鮮明に思い出せていたことが、霧がかかったように曖昧な光景になり、忘れられていったのです。その時にはもう、自分がかつて高貴な生まれの王様であったことすら忘れてしまったようです……今の彼は、広大な大海の上を小舟に乗って彷徨う、どこにでもいる普通の男でした。確かなのは、いまこの瞬間に藁でできたこの舟に揺られているということだけ。『そうだ、自分はいま航海をしているのだった。終わり無きこの青い波の向こう側へと』彼はただただ、平和を感じていました。彼を勇気づけてくれたのは、『何も無い』が在った日々だったのです。傍らには、新しい友人がいてくれて、楽しい日々を一緒に過ごしてくれます。

どれほどの月日が経ったのでしょう。変わらない日々を過ごしていた彼らの目に、一羽の海鳥が映ったのです。次の日には、もっと多くの海鳥が見えてきました。悲しいような嬉しいような、複雑な想いを感じながら、見えてきた大地に向かって進んでいきました。その後の数日の間に、目の前にある大地がどんどん横に広がっていきました。水平線は地平線になり、巨大な山脈が見えてきます。その中でも特に高い山の頂は、雪化粧がされていました。

ソラナは自分の定位置であった舟頭に立ち、両腕を拡げて、その大地に挨拶をしていました。期待に胸を膨らましつつも、少しの心配が目に映ります。歌を歌い始めました。今度の歌は、新世界への尊敬の念を示す歌でした。二人は身体を洗い、洗濯しておいた服に着替え、新たな大地に踏み出す準備を整えました。

＊　＊　＊　＊　＊

二人の旅人はついに広大な海を後にし、未知の大地へと一歩を踏み出そうとします。この先、何が二人を待ち構えているのでしょう。私も彼らとそこで会うことになります。それが私だったということを、知らなかったとしても。

アルタザール、これを読んでもまだ、あなたは思い出せないのかしら？　あなたはこうして、あなたであったことを忘れたのですよ。あなたが治るためだったとしても。

さあ、目覚めの時です。思い出して。そして、自分が何者なのか、はっきりと言って！

第11章　古代AN王国への接近

役目を終えた小舟は、疲れ切った体を砂浜に横たえました。波打ち際には、押し寄せる波が小気味よく音を立てていきます。海鳥が宙を舞い、海の中に光る青魚の光る背中を見つけては、水の中に滑り落ちて魚を捕まえていきます。遠くに見えるのは、お城の警備隊のように沈黙し整列した山々です。尖った山の頂の連なりは、この未知の大地の神秘を護る番人のように映っていました。

長旅を経た我らがアルタザールとソラナは、登山のための準備を終えたようです。準備といっても、それまではずっと海の上にいたのだし、特に持ち物が多いというわけでもありませんでした。小舟にお別れを言い、そびえ立つ山脈の方へと歩きだしました。砂浜の上を歩いていくと、砂粒は次第に粗くなり、石が目立つようになり、次に大きな岩々が彼らの前に現れ始めました。二人はその岩を登っていくと、大きな一枚板の岩が横たわっていました。その岩盤には小さな穴がいくつもあり、いずれも水中生物が生きられるくらいの水が蓄えられています。まるで、誰かが沢山のミニチュア水中世界を創ったかのようです。見上げると山の頂上が銅色に光っています。

気が付くと二人は険しい崖の上を歩いていました。崖路の下には木が生えており、二人の進路を支えていました。その木は小さな岩間にしっかりと根を張り、厳しい環境にも関わらずたくましく生き延びていました。（このような場所に生える木の方が、普通の場所に生える木々よりも長生きすることが多いですが、それも不思議なものですね。）木が生えている場所の近くだけ道が広くなっており、そこには垂直に立った一枚岩が見えていました。なにかの紋章〈シンボル〉のようなものが彫られています。それは、三日月の上に太陽がある絵のように見えました。それを見た二人は、一旦歩みを止めました。

「アルタザール、これは古代AN王国の象徴だよ」ソラナが小声で囁きます。

アルタザールは山の頂を見つめながら返事をしました。「ああ、古い言い伝えにある銅色に光る山々。これがあのアンテスに違いあるまい」アルタザールが振り返ると、ソラナは好奇心に溢れた笑顔を浮かべていました。その時、アルタザールは閃きました。「お前の名前……Sol（太陽）＝AN＝a……我が友よ、お前はまさか古代の神ANに仕える者ではないか？」

「そうだ、アルタザール。その通りだよ。でも、こうしてAN王国の近くまで実際に来ることが、僕の長年の望みでもあったんだ。もう、ANは物質界にはいないということは、解ってはいたけれども」

ソラナは真っすぐに背筋を伸ばして、太陽に向けて両腕を高くかかげたかと思うと、聞いたことの無い古代の言語で、歌い始めました。

「いと高きアンテスのANよ。

天空を駆ける者よ。

太陽と月に調和をもたらし、

四方を、一なるものへと

融合させたまえ。

全ての反を一つに結び、
一なる生命へと
完成させたまえ。
始まりたまえ。
アンテスのＡＮよ、
一なるものを
完成させたまえ。
その御手は人の方へ、
その一条の光は太陽の方へ、

我ここに、すべてをあなたに委ねん。
絶対の愛の献身をあなたに。
もう二度と
別たれることの無いように。
万物は知るだろう、
絶対者への統合を」

ソラナが詠唱する間、アルタザールは手にした結晶を太陽へと掲げ、一片のコパル〔現代では香料やニスの原料になっている樹脂〕に火をつけて、敬意を示しながらそれを岩陰へと置きました。辺りを見回してみると、崖の裏に隠れていた小道が目に留まりました。そこにだけ小石が敷き詰められて、次に進むべき場所へと続いていたのです。

「どうやら、招かれているようだぞ。ふむ……これもお見通しということなのだな」

（彼の鋭さには驚きました。隠者である私にとっても、人生というのは驚きの連続です。）

ソラナがそっとアルタザールの方へ寄ってきて小道を見ると、早く先に行ってみたいと大はしゃぎしていました。

アルタザールは柔らかな微笑みを浮かべ、彼の提案に賛同します。「行こう。お前のＡＮの地を、私にも見せてくれ」

その後の登山道は道幅の狭い急斜面が続きました。二人は慎重に歩を進めていった為、それも無事に通過することができました。高度はどんどん高くなり、息苦しさも増していきます。遠くに見える水平線に今にも太陽が沈もうとしていました。海面にはオレンジ色、金色、赤色が溶け込んで光を放っています。

「アルタザール！　太陽を見てごらん！」ソラナが何やら大声で呼びかけてきたかと思えば、今度はひどく物憂げな声で歌い始めました。

「時の始まりに
太陽は水のもとに生まれ
赤く燃え盛る輝きとして天に昇り
水の上を歩んだ。
水の上に
自身の姿を反射し
その明るく燃える光の道を
人々が歩んでいけるように。

天空に見える太陽は
時の海に映し出された反射像。
我らが求め続けた光。
太陽、月、それらを超えた先にある、
この世界そのものを超えた先にある、
それが真実の太陽。
誰よりも輝き、
我らの帰還を待っている。

その時まで
波打つこの黄金の道を
歩み続けよ。
故郷へと続くこの道を」

二人は歩みを止め、しばらくその場で静寂のうちに想いを馳せていました。静寂を破り、アルタザールがソラナに尋ねました。「この先にAN王国があったなら、そこからアトランティスへ行けるだろうか？」

「この惑星上でアトランティス人やレムリア人以外にこの知識がある存在がいるとすれば、絶対彼らだよ」そう答えたソラナの声は、自信に満ちていました。

「そうだな。このまま進もう。そしてANを見つけ出そう」

小道は突き出た岩々を避けるように急角度で曲がりくねって続いていき、辿り着いたのは大きな口を開けた大洞窟でした。

「良い寝床が見つかったな」ソラナは彼の声に頷きました。この日はここで夜を過ごすことに決まったようです。いいえ、そう『決まっていた』と言えるでしょう。

洞窟の中には、ウール製の毛布と、食べ物や飲み水が入った土器が用意してあったのです。アルタザールは先程と同じように、『誰かに視られている』感覚を覚えました。視られていることが心配というよりは、かえってこの謎多き土地への好奇心がありました。

その日は二人ともぐっすり眠りました。朝、スッキリした気分で起きたら、登山道の続きへと踏み出しました。洞窟にあった土器の中には、またも新鮮な食べ物と飲み物が入っていたのでした。それを黙々と口にしながら、空気中には見えざる存在を常に感じていました。さらに奥の道へと歩き続けていきます。

道はずっと上の方へと伸びていました。道の両脇には渓谷が広がっていて、絶壁の間で道はどんどん狭くなっていき、二人が横に並ぶほどの幅も無くなっていました。先頭はアルタザールで、足を踏み外さないように慎重に進みます。

彼はすっかり別人になっていました。もうあの頃の、アーナヘム島のいと高き王の面影は、どこにも見当たりません。愛する女性や、彼の愛した全てが海に沈んだあの日から、多くが剥がれ落ちていったのです。ですから、昔日の彼自身はもう、この時の彼の記憶そのものから剥離していたのです。忘れてしまった方が楽だから。正気のままでいられるから。何も無かったことにしたかったのです。

断崖を打つ瀑布の轟音が、彼を現状へと引き戻しました。気が付けば二人は、大滝の前に立っていました。流れ続ける水の動きに、彼の壊れた記憶が残らず洗い流されていくような感じがしました。

これではとても先に進めないので、残された道は、滝の横にある岩壁を登ることだけでした。なんとか上まで登りきったところ、その先の道の先にも、さらに大きな滝があることに気づきました。少し休憩しようと、二人は滝の水溜まりの中に浸かることにしました。衣服を脱いで、岩風呂に入りました。水はとても透き通って滑らかだったので、二人は体中をその中に浸してリラックスしていました。

水の中で目を閉じていても、アルタザールは太陽の暖かさを顔に感じていました。同時に、疲れて火照った身体を包む水の冷やかさも感じます。一旦、考えるのを止めて、水の流れに体を委ねることにしました。自分が水に溶け込んでいくような感じがしました。その時、一人の女性の顔が思い浮かんできました。ですが、その顔は柔らかな白い布に覆われていて、眼だけが見えていました。緑色の瞳の、力強い大きな眼でした。全てを視通す智慧の光がありました。時間と空間のベールを貫き、その先を視ることができる目です。その目はアルタザールの魂までを見通し、彼の精神界にある全記録〈アカシック・レコード〉を読み取り、それからその女性は彼に語りかけてきました。

「こんにちは、アルタザール！　静寂の宮殿からの伝言です。私は結晶山〈クリスタル・マウンテン〉の隠者。貴方は、ここまで自力でたどり着かなければなりません。ここには、貴方を治す術があります。ただし、結晶山に入ることができるのは、貴方の光の結晶体〈クリスタル・ボディ〉だけです。貴方は、それを創り出せるようにならねばなりません。では、ここで貴方の来訪をお待ちしております」

語りかけてくる彼女からは、滲み出るほどの深い愛情を感じました。

「貴方が水から出ると、そこにはマゼンタ色のポンチョが置いてあります。お二人のために用意しました。身につける際は衣への敬意を払うようにしてくださいね。それらは、あなた方を守る盾となってくれるでしょうから。気が抜けている時ももちろん守ってくれますが、敬意を払うことで最大限、貴方を守護してくれるでしょう。ソラナには、魔法の法螺貝をお渡しします。彼だけが、その音を奏でるべき時を知っています。きっと気に入ってくれるでしょう。アルタザール、貴方には特別な結晶をお渡しします。その中に隠された螺旋には、特別な知識が記号化されています。時が来れば、貴方を導いて、元の貴方に戻してくれるでしょう。それは貴方自身の純粋なる本質の反映、貴方という星天の欠片を映し出すものです」

「親愛なるアルタザール、貴方に試練の時が訪れようとしています。私が伝えたことを覚えていれば、恐れることなどありません。ここは結晶山です。どうか、忘れないでいてください。貴方が行く道がどんなに長く険しいものであっても、私は貴方のことを決して忘れはしません。そこで、待っていますから」

彼女の愛情深く、柔らかでいながら射貫くような目が彼を見つめていました。彼の意識の中にはその女性の言葉がしばらく響き続けていたので、その間アルタザールは水中でじっとしていいました。絶対に忘れないように。記憶の中に焼き付けておくように。ですが、どんなに頑張っても、それらは無意識の奈落の底へと滑り落ちていくのでした。

外界からソラナの声が聴こえてきます。こちらへ戻ってこいと言っているようです。「アルタザール！　ほら、見てよこれ。草むらの上で見つけたんだ！」彼の手には鮮やかな白色の法螺貝が握られていました。両端には緻密に編まれた紐帯がついていて、首から下げて持ち歩くことができるようになっていました。「この部分を見て。ＡＮの紋章が刻まれているんだよ」ソラナは大喜びの様子です。草むらに目をやると、言われた通り鮮やかなマゼンタ色のポンチョが二組、丁寧に折り畳んで置いてありました。

「ソラナ、聴いて欲しい。私が水の中で観たことを」アルタザールは静かに話し始めました。

「ある女性の霊体のようなものが現れて、私に話しかけてきたのだ。顔は白い布で覆われていたので、誰なのかは判らなかったのだが……眼は良く見えていた。あの射貫くような緑色の瞳は、とても印象的で忘れることなどできないだろう。別世界の住人の目のようだった。あれこそ、全てを見通せる目だ。結晶山の隠者と名乗っていたが……どこかで会ったことがある気がするのだ……レムリアではないが、どこかで……それと、面白いことを言っていた。お前には法螺貝を渡すと言っていたし、そこのポンチョは試練の間に守護をしてくれるとか……ああ、もう忘れてしまいそうだ。確か、私がその結晶山で治療を受ける為の方法を見つけ出さないといけないのだぞうだ」

「結晶山……どこにあるのかな？」ソラナはまだ興奮冷めやらぬ様子で尋ねます。

「それは分からない……」そう返した瞬間、アルタザールの脳裏に『新たな大地』という言葉が浮かびました。ポンチョを手に取ると、そこに輝く水晶が結び付けられているのに気づきました。それを見つけて笑みを浮かべると、腰巻きのポケットにしまい込みました。

ポンチョを着込んだ二人は、もう一度登山道を歩き出しました。辺りはもう薄暗くなり始めていて、ついに太陽はまた水平線へと沈みました。二人はそこで、石でつくられた山小屋があるのを見つけて喜びました。こんな険しい山中に小屋があったのですから不思議なものです。もしかして、この小屋の近くの岩壁も含めて全部、人工物なのでしょうか？　こんなに大小様々な岩が、隙間なくお互いに完璧にかみ合っているなんて。小屋に入ると、やはりというかカラフルなウール製の毛布と、食べ物や飲み物が入った土器が置いてありました。

「なんとも不思議なところだね～」ソラナはこの道中でどんどん元気になっているんじゃないか

と思うような笑顔で、そう言いました。実際、超自然的な力に後押しされているこの冒険の旅で、ワクワクしないわけがありませんでした。流れに身を委ねていればいい。それが目の前に表現されることを、自分は許可すればいいだけのこと。

冒険者たちは食べ終わると寝床の準備をして、マゼンタ色のポンチョの下に横になりました。謎を解きたいと思う気持ちはありつつも、押し寄せる眠気には勝てなく、深い眠りの中へと沈んでいきました。

第12章　捕獲（異星の女性ムー・ラの元へ）

深夜から明け方にかけて、不可思議な物事が顕在化しやすい時間枠というものがあります。この時、その不思議な出来事は笛の音としてまず顕れました。人々を魅了するその音色は、小屋の外から中へと通り過ぎていきました。その音色に目を覚ました二人は、暗闇の中目を凝らして、音の源がどこか探りました。

すると、どこからともなく別の笛の音が聴こえてくるではありませんか。音はあちらから、今度はこちらから、次から次へと別の笛の音が聴こえてきます。あらゆる方向から同時に笛の音が聴こえてきて、身体の内側からも、上から下からも音楽が聴こえてきます。彼らの注意の矛先は音楽の向かう方向と共に動き、上へと巻き上げられたと思ったら、今度は逆回転に下へと向かったりしました。

アルタザールとソラナは混乱し、鳴り響く不可解な音に少しばかり恐怖を感じ始めていました。

しかし二人とも横になったまま、一言も話すことなく音を聴いていました。その音を聴いていたら、二人の意識が催眠術にかけられたように夢現〈トランス〉状態に入っていきました。

音楽は別々に奏でられながらも、同じ旋律を繰り返し演奏しているようです。それが急に、同時にその旋律を奏で始めました。終わると、再び沈黙があたりを覆いました。

二人とも呼吸を止めたまま、微動だにせず、黙って起きていることを見ていました。次の瞬間に起きたことで、横になったままでいた彼らも流石に仰天しました。青白い布を着た精霊が妖しく光りながら、小屋の中に入ってきたのです。扉を開けて入って来たのではなく、なんと壁を通り抜けて入ってきたのです！

精霊は長い黒髪をなびかせる男性の霊のように見えました。銀色のサークレットには風変わりな羽飾りがついていました。精霊はアルタザールとソラナの寝ている身体に向けて、銀色の網を投げつけてきました。大人二人が入った網を巧みな手さばきで手繰り寄せて、小屋の外へ二人を連れ出していきました。

場面は小屋の外に移ります。暗闇の中、奇妙な一匹の動物が待ちわびた様子で佇んでいました。

熊とラクダを足して二で割ったような不思議な見た目です。精霊は、二人が入った銀の網をその動物の背中に乗せると、そのままどこかに連れ去っていきました。揺れる背中の上、網の中でアルタザールとソラナはもみくちゃにされながらも、月光の眠りの魔法を浴びたせいか、強い眠気が襲ってきます。二人はそのまま眠りについてしまったのでした。

＊＊＊＊＊＊＊

＊＊＊＊＊＊

＊＊＊＊＊

＊＊＊＊

＊＊＊

＊＊

＊

「では、網をとりなさい」命令する女性の声が聴こえます。精霊は言われた通りアルタザールとソラナに絡まった網をほどきました。取り除いた網を宙高く放り投げると、それは小さくなってパッと消えてしまいました。

アルタザールとソラナがゆっくりと目を開け、お互いを見て驚き、周りを見回して更に驚きました。いつの間にか二人は、石の床がある神殿の広間にいました。神殿は一つ数百トンはありそうなブロック型の巨石で組み立てられていました。建物内には幻想的な青い霧がたちこめていて、どこからか部屋の中に差し込んでくる光が霧を照らしていました。四方の壁の中央には、銀の髪飾りをつけた精霊たちが一人ずつ立っていました。四人ともくすんだ黄色の腰巻きと、鮮やかな色に染まった羽根飾り付きのポンチョを身につけていました。アルタザールはそれらの精霊をよく観察していると、彼らの後ろに象徴のような絵が描かれていたことに気づきました。西方の精霊の後ろにはピューマ〔南北アメリカ大陸に分布するネコ科の哺乳類〕が描かれていて、北方にはコンドル〔南アメリカ大陸アンデス山脈に生息するタカ目コンドル科の猛禽類〕が、東方からは朝の太陽の光が射しこんでいて眩しかったのですが、どうやら魚が描かれているようです。そして南方には、人間が描かれていました。

守護精霊たちはいずれも無表情で真っすぐ前方を見つめています。人間のような形をしていますが、半透明な体ですし、私達のような生命体と同じと言えるかは分からないところです。

ソラナがアルタザールに向かって囁きました。「AN王国じゃないぞ。ここは一体どこだろう？何か分かる？」

すると、彼らの後ろで親切そうな女性の声が聴こええました。「旅のお方。ティワクへようこそ。あなた方のご来訪をお待ちしておりました」

驚いてバッと振り返ると、そこには扉の前に立つ女性が、威厳のある眼差しで二人を見ていました。瓜実顔《うりざねがお》で格好のいい女性です。少し完璧主義な性格が感じられるほど、身だしなみに気を付けている印象を受けました。角ばった頬骨か、形の整った鼻か、もしくはアーモンドのような切れ長の眼がそのような印象を与えているのでしょうか。

とにかく、あまりに外見が完璧すぎたのです。彼女からは猫のようなしなやかな強さが滲み出ていました。それは少々、強すぎるほどの圧力が感じられるほどです。彼女の艶やかな黒髪は丁寧に編まれて頭頂で巻かれていました。後ろ姿からは、渦状に巻かれた髪の束が見えます。

アルタザールが自分の小刀に手を伸ばそうとすると、彼の内側から囁く声が聴こえました。

『気を付けて！』

彼女は微笑んで、暖かな眼差しと大きなエネルギーを彼に向けました。「アルタザール、私を恐れる必要はありません」そう口にした彼女の声には、安心感を与える力強さがありました。

彼女は青い上衣を揺らしながら、アルタザールに歩み寄りました。その上衣には、先ほど見た象徴のピューマ、魚、コンドル、そして人間が描かれています。彼女は服の上からでも見えるほど、自ら主張しているようなはっきりとした輪郭の身体つきをしています。骨太というか、豊穣というか。一方で、スレンダーな体つきをしているようにも見えます。

私が与えた忠告も聞かず、いと高き王は警戒心を解きました。彼女にお辞儀をして、若干困惑しながらも尋ねました。「なぜ、私の名を？」

「このように言いましょう。私達はこの世界の外から来た者ですが、私達の領域内で何かが起きれば、それを知ることもできるのです」女性は含みを持たせながらも、核心に迫らないように言葉を選んだかのような返答をしました。

「では、貴女の名前も教えてもらってもよいかな？」彼女から放出されている電流のようなエネルギーに当てられながらも、アルタザールは尋ねました。

「私は『ムー・ラ』と呼ばれています……もしくは『最後』と名乗っています。それか『最終』と名乗っています。または『唯一』とも名乗ります。何故なら、私だけが唯一、ここに残されたのですから。他の皆は全員帰還したのです。遠い、遠い彼方へ……」

「唯一残った？　それは、どういう意味だろうか？　あの四方の壁に立つ守護者たちは、何者なのだ？」

ムー・ラは両手を高く上げ、手のひらを大きく広げました。我らが冒険者たちは、その拡げた手を見て、背筋が凍りつくような衝撃を受けました。彼女の手には、４本の指しか無かったのです！

「私は最終……最後の者。取り残された最後の使者。皆、行ってしまったのです」彼女は無理に押し出すような声で、そう言いました。

ソラナは初めから床に座ったまま、静かに一部始終をただ観ていました。周囲から忘れられたような状態でしたが、それによって自分の『高次の意識』を通して観察することができていたのです。

第一に、ここはANではありません。全くと言っていい程、波動の違いがあります。ここは何だか、全部が青白い霧や、黄色い霧でできているような感じがします。ところでティワクという言葉……ソラナはそれをどこかで、もしかしたら遥か昔に、聞いたことがあったような気がしていました……『あの、ピューマ、魚、コンドル、人間のシンボルは、何を意味しているのでしょう?』『あのムー・ラという女性は、どこか信用できない。アルタザールは信頼してしまっている様子だけども。一見暖かに見える彼女の微笑みには、何か裏がありそうだ。真面目すぎるような目。誘惑的な響きの声』

ソラナは太陽神経叢で不安感を感じ、第三の目からは警戒音が鳴っていました。自分自身の体に表れているそれらの反応の方が、ソラナはより信頼をしていたのです。

彼は考えました。『何かがおかしいんだ。何かこう、重く、隠された、闇の秘密がある気がする。それを見つけ出さないと』考えている間、彼女が4本指の両手を見せてきました。そしてソラナは理解しました。彼女が、この惑星の外から来た存在であることを。そして、彼女はここより進化した別の星から来たのだということを。

地球にそういった地球外生命体が来ていることは、これまでの経験で理解していました。ラパンヌヌイ島で催された祝祭の中には、そういった星天存在たちと交流するものもあったのです。それらの存在たちは、この惑星を監視していて、地球人達の中には彼らと一緒に任務を行う、奉仕と智慧の同胞団を結成した者もいました。

『でも、この女性はどこか信用できない。ここに置いていかれたって、それは何故？　僕たちに、何をしようというんだ？』

ソラナはまた、星天存在たちも人間のようにエネルギーが汚れて堕落することもあるのかと、考え始めていました。

『おかしいじゃないか。僕たちは確かに、AN王国に向かっていたはずなのに』彼は、道中に提供されていた食料や毛布などは、ティワクからではなく、ANからの贈り物だと確信していました。『それがどこをどう間違えたのか、エネルギーが全く異なった場所に連れてこられてしまったんだ』

ひょっとしたら二人は囚われの身になっているのではないかということも疑いました。

それならば、果たしてここから出ていくことができる状態なのでしょうか。アルタザールは自分が囚人にさせられているなんて想像すらしていないはず。ムー・ラの甘い囁きにすっかり惑わされてしまっていたのです。

「……そうです。私達は永い間、人間達の祝宴で祀られる存在となっていました。ですが、人間界に留まって居たことはありません。時に、地を這う人間たちを私達の世界に招き入れたことならありました。ですが、彼らはこの世界に留まり続けていると、元の人間界に帰りたくないと口を揃えて言うのです。そのため私達の存在は彼らの世界で知られることなく、あるいは何千年という時間の間、秘密にされ続けてきたのです」

彼女の発言に対しアルタザールは質問を続けました。「ここに留まっていると、どうなるのだ？」

「修練者たちの準備が整う時、平行次元と呼ばれるところへ上昇〈アセンド〉します」

「平行次元とは？」アルタザールは彼女の話に引き込まれていきます。

「親愛なるアルタザール、ここで秘儀の修得に励むと決めたら、教えてあげても構いませんのよ。秘儀は、私からしか学べませんもの」彼女の口ぶりから察するに、それは遠い宇宙の彼方から運ばれてきた、人々が求めて止まない禁断の知識そのものであるようでした。

この時点でソラナは立ち上がって自分の存在感を示すことを決めました。アルタザールの横に立ち、彼の背中のある部分を少し強めに圧しました。アルタザールの気をここに戻すためでした。アルタザールはソラナを見ると、少しぎょっとした表情を見せました。まるでソラナがいたことを忘れてしまったかのように！

「あ、ああ……そうそう。ムー・ラよ、こちらは私の親友であり旅の仲間である、ソラナだ。ラパンヌイ島で司祭をやっている」

　ソラナはムー・ラに向かって、僅かに頭を下げてお辞儀をしました。その間も、ムー・ラに本心を悟られないように表向きの表情を作っていました。ムー・ラはソラナに向けて、強力な気の槍を打ち込んできました。ですが、ソラナは動じません。自分の中の純粋無垢状態に立ち続け、冷静さを保ち続けました。

「ソラナ。アルタザールの友人であるあなたを歓迎します」ムー・ラが浮かべた一見美しい微笑みに、ソラナはまたも寒気と危機感を感じました。「二人とも、長旅でさぞ疲れていることでしょう。寝室へ案内しましょう」

　彼女はそう言うと、高飛車な態度で二人を誘拐した精霊を呼びつけました。案内係の精霊に連れられて中庭に出ると、そこでは差し込む太陽光そのものが青みを帯びていることに気づきました。明らかな不気味さを感じられました。

「綺麗な場所じゃないか、なあソラナ？」アルタザールが言いました。

ソラナは黙って親友の顔を見つめていました。感じたことの無い、心を締め付けられるような悲しみを感じていました。今はなにも言うことができない。そう思いながら、移ろう状況をただ観察することに専念したのでした。真実が判明する、その時までは。

とにかく、ソラナにとっての最優先事項は、アルタザールを連れてこの場から立ち去るということでした。それがどれほど難しいことかということも、悟っていました。だから彼は胸の内に、恐ろしいほどの悲嘆を感じていたのです。

＊　＊　＊　＊　＊

アルタザールと異星人の女性ムー・ラの出会いの場面でした。私は忠告したのですが、聞きいれてもらえなかったのです。（アルタザール、一体どうすれば、あなたを目覚めさせられるのかしら？）ですが、どうか見捨てられたなどとは思わないでください。私は何度も来ました。あなたを視ていました。あなたのその勇気、あなたが引き受けた任務の大きさ、私達全員のためにしてくれたことは、驚嘆に値します。ただ、あなたが自分自身をもっと大事にしてくれていたのなら……

第13章　アトランティスを陰から操っていたZ博士

ここで一旦、アルタザールとソラナの物語から視点を離すことに致しましょう。彼らは時間の無い場所をさまよっていますので。私達の視点は、彼らの居る場所から遥か遠方、偉大なアトランティス大陸へと移ります。私から、読者の皆様へ魔法をかけさせていただきますね。時間の線を遡るのです……レムリアが滅びの間際にあった時にまで……

アトランティスの司祭たちは、レムリアの最期を予め知っていました。母卵に穴が開いたことも視ていましたし、神託を通じて周知もされていました。オクモラが結晶洞窟の中で会ったあの9人も、レムリアが滅ぶことを知っていました。実はオクモラと会う前からもずっと、彼らはレムリアの悲劇的な運命を変える方法を模索していたのです。ですが、母なる大地の運命は既に、更に高いところ、至高の力によって確定されていたのでした。7の同胞団には、上級巫女アローラを通して伝わっていました。（もしかして彼女も9人のうちの一人かしら？）

7の同胞団の長老は、あのアルタを通して同様の情報を得ていました。アルタは、アトランティスの最高権力者です。彼は時の権力者を通して権力を行使します。この時は、『製造主〈メーカー〉』を名乗る秘密結社の動きに注意を払っていました。その組織は、司祭であり科学者でもある選りすぐりのアトランティス人たちで構成された集団でした。

製造主たちは、ディアンドラがアトランティスから旅立ったあの丘の裏手に秘密基地を設けて、密かに活動をしていたのです。彼らはそこの地下に広大な地下研究施設をいくつも建設し、それらは網目のように張り巡らされたトンネルで繋がっていました。彼らは自然を科学的に究明しようとして、音や結晶などを用いた実験を繰り返していました。その中には、現代では核エネルギーと呼ばれているエネルギーの研究も含まれていましたが、明らかに危険性があるということで、これについては研究を断念していたようです。

製作者の生活は一般的なアトランティス人の生活からは隔離されており、この丘で修道士のような生活をしていました。そうして日々研究に没頭していたのです。創造であると同時に破壊の種でもある強大な力を扱っていたため、彼らはそのエネルギーを世俗的な物事から隔離して、純化させておく必要があると考えていたのです。

例外として一人だけ、自由に動き回る権利を持っていた人物もいました。それが脅威の天才Z博士です。（彼の名前はまだ言えないようですね。）その膨大すぎるほどの知識は人間としての常軌を逸しており、また個人としては莫大な権限を持っていました。彼とアルタだけが、アトランティスの全てに絶対的権力を行使することができました。Z博士はあの9人とも直接連絡を取っていました。7の同胞団の秘密会議にも出席していたし、地球の磁気格子を操作できたのは彼をおいて他にいませんでした。磁気格子の仕組みを理解していたのは彼だけでしたし、マスター・グリッドに通じる黄金の鍵も手にしていたのです。『陰の実力者』とでも申しましょうか。舞台裏から駒を進めるのが好きなようで、アトランティスの全生命を陰から操って来たのが、Z博士です。

伝説上の人物として、後世の人々にとっての恐れ敬う対象となってきました。ですが、愛される人物というよりは、恐れられていた人物であったと言う方が正しいでしょう……彼を信じ、愛し続けていた希少な人物として、美しく才能ある実娘ナムアニがいました。

彼女が『音の寺院エノーラ』で開発した治癒用音楽は、アトランティスで一大ブームを巻き起こしました。音楽は人工の巨大水晶の面を使って演奏されます。この音楽の素晴らしいところは、一度聴いたら二度と忘れなくなることでした。それから、チャクラを調整することもでき、活力

〈エーテル〉体、情緒〈アストラル〉体、肉体への治療も施すことができ、さらには音楽を通して秘儀参入の儀礼も行うこともできたのです。ですが、この音楽を誤用すると、巨大な破壊的パワーとして表すこともできることが分かりました。なんと、何千里という距離まで届く凄まじい破壊力を生み出すことができたのです。この音楽の秘密は、非常に少数の限られた人にだけ伝えられていきました。

ナムアニは音の寺院で二人の子供と一緒に生活していました。男の子はアニオン、妹の方はノヴァスナという名前です。夫はアトランティス史上最高のミュージシャンと謳われたヴァネル大師でした。ヴァネルは純粋な音響の絶対的本質を追い求めるために、公的な音楽活動を長らく休止していました。ですから、ヴァネルを除いては、ナムアニが当時の音楽界の担い手となっていたのです。まだ小さかった頃のノヴァスナはヴァネルに養成され、父娘はお互いに親子愛と尊敬を育んでいきました。

長男のアニオンは感受性が強く、周りに影響されやすい性格の男の子でした。父親はヴァネルではなく、ダヴォッドという製造主の一員でした。ナムアニとダヴォッドは幼馴染で、幼少時のダヴォッドはあの丘や製造主の組織とは無関係で育ちました。ダヴォッドは幼少の頃より天才児と言える頭脳を持ち、色黒で精悍な顔立ちの、情熱的で魅力がありましたが、どこか不安定で危

う い性格をもった男性でした。ナムアニとは恋人として別れた後も、二人は友人としての関係を持ち続けていました。ナムアニは友人を連れて彼の住む『製造主の家』の近くの丘を訪ねたりもしていました。ナムアニの父はあのZ博士でしたし、誰も彼には逆らえなかったので、丘の彼らの基地の黄金の門を開けるための秘密のパスワードなどを教えてもらっていたのです。

ある日、ナムアニとダヴォッドは秘密の丘を訪れていました。彼女の子供達も連れています。大人の近くで子供たちは草むらのジャングルを探検する虫ごっこをして遊んでいました。小さな虫たちにとってはこの草むらはジャングルに見えているのだとノヴァスナが気づいてから、この遊びに夢中のようです。同じ次元の世界なのに、私達と虫たちとではこんなに世界の感じ方が違うのだという驚きを、ノヴァスナはお兄ちゃんに一生懸命説明していました。そこで二人の幼い兄妹は、虫と同じ大きさになってこの世界を探検してみようと思いついたのでした。（よく考えると、同時平行次元はこのように説明するのがいいかもしれませんね。）

ナムアニは清々しい春の昼下がりのひと時を、草むらの上に寝転んで過ごしていました。彼女の長いウェーブがかった髪が、そよ風に揺られています。彼女の切れ長の眼と黒い瞳には、鹿のような優雅さがありました。とても穏やかな雰囲気を持った女性ですが、その内側には大胆な愛情の光を含んでいます。アトランティスの中でも上流階級の人間として生を受けたナムアニでしたが、決して甘やかされることもなく、権力に溺れることもなく、人々の為に尽くす性格に育ちました。情熱と思いやりがあり、愛し愛され、アトランティスの有名人になったのです。

それにしても、今日のダヴォッドはいつにも増して悩んでいるようでした。内面の焦燥感が表に出てきているようです。彼の黒い瞳からは、巡り巡る思考の嵐と、抑えつけられた怒りの感情が見え隠れしていました。ダヴォッドはナムアニのことはずっと大好きなままでした。彼女が、アトランティスで唯一の友達でしたから。昔のように、もう恋人には戻れなくても。

子供の頃からの彼女のあだ名で、彼女に呼びかけます。

「ナミ、レムリア大陸の悲劇的な結末について、もう話は聞いているか？　なぜ僕たちは、それを止めることができないのだろう？　司祭たちはなぜ、止めようとしないのだろう……それを防げるだけの力も技術もあるっていうのに。黙って観ているだなんて、僕には耐えられない。完全に、狂っているとしか言いようがない。レムリア人たちだって、僕たちに助けてほしいというはずだろう。昨晩は遅くまでずっと、製造主の同僚と口論をしていたんだ。何かしてあげるべきだって……」

ダヴォッドをなだめようとしてか、ナムアニは彼の言葉を遮って言いました。「ダヴォッド、9〈ナイン〉が決断を下したように、レムリア人たちは完成の時を迎えようとしているのよ。その運命を変えるなんて、私達にはできないのよ」

「じゃあ、これは誰にも言ってない秘密だけど、君には教えてあげよう」そう言ったダヴォッドの声には刺々しさがありました。

「数年前のことだ。僕は一度だけ、水晶の記憶の間〈クリスタル・ホール・オブ・レコード〉に入ったことがあってね。ハハハ……昔から反抗心が強いところは変わってないのさ。僕の家系の秘密について確かめたくて、そこに保存されている情報に触れようとしたんだ。それに、僕が立派な製造主の一員になれるか知りたかったんだ。多分、僕は癖が強すぎる性格だと思われているんじゃないかと思ってね。それで、何を見つけたと思う？　ナミ、僕にはなんと妹がいるそうなんだ。アトランティス内にいるけど、全くこのことは知らないで生きてきたんだ。どうやら彼女はオラリン寺院に住んでいるみたいだ。直接話したことは無いけど、遠くから見かけたことは何度かある。彼女のことを何か知ることができるんじゃないかと思ってね」

「私、その人に会ったことあるかしら？」ナムアニは話に驚きの表情を浮かべながら、質問をしました。

「聞いたことはあるかもしれないね。アトランティスにはそこまで長い期間住んでいなかったようだけど。名前はディアンドラというそうだ。しかも、レムリアのアルタザール王の花嫁として選ばれたのが、彼女なんだそうだ！　ナミ、僕がどんなに彼女に会いたがっていることか。両親の間で血を分けた、唯一の肉親なんだよ。それが、レムリアと運命を共にすることになってしまうなんて、あんまりだ。臆病な司祭たちは、これが防ぎようがないとして、聞く耳持たない。運命に抗うなと、馬鹿みたいに繰り返し口にするだけで……！」ダヴォッドの口調が荒くなっていきます。

「ダヴォッド……辛かったのね。ごめんね。何と言っていいか解らないわ……」ナムアニは精一杯の同情心を示しました。彼の手を撫でながら、優しく語りかけます。

「でもね、命は巡るものだということを思い出して。私達は皆、この世に生を受け、自分の人生を出来る限り一生懸命生きて、学んで、尽くして、最後はまた霊魂に回帰するのよ。その後はまた生まれて、死んで、終わらない繰り返しなの。今世で彼女のことをよく知ることができないのなら、来世のどこかでまた会えばいいのよ。そうでしょう、ダヴォッド。今世は長い長い魂の旅の一通過点に過ぎないわ。地球から母なる大地が無くなってしまうのは、とても悲しいことだけど、天の計画を信じて任せることしかできない。時には、大きな全体性の中で光を見失いそうになるし、私達の限られた人生の間に至高の意思の全容を知ろうなんて、そもそも無理なのよ。私達は多くを知っている気になっているだけなのよ」

ダヴォッドは怒った様子で彼女を突き飛ばしました。

「君も他の奴らと同じじゃないか！　意志が弱く、自己満足に浸っているだけの！　もういい、僕はただ、自分の妹が死にゆくところを黙ってみていたくない。ましてや、スピリチュアルな御託を並べて待っているなんて、まっぴらだ。彼女は助けを欲している。だから、僕は何としても彼女を助ける。例え誰も手伝ってくれなくても……」

そう言い残すと、ダヴォッドはその場を去っていきました。

去り行くダヴォッドの背中を、ナムアニは悲しみの内に見送っていました。なんとか手伝ってあげたくても、これくらいしかできることはありません。子供達を呼ぶと、何も知らない彼らはすぐに無邪気な表情で駆け寄ってきました。ため息をつきながら、帰路につきました。

その夜、夫のヴァネル大師に寄りかかり、彼のカールがかった髪の毛を撫でながら、昼に起きたことを彼に話していました。

「ダヴォッドは昔のように、反抗的なままね。そこはちっとも変わろうとしていない。抑圧された怒りは解放しないといけないのに。あんなに凄い才能を持っているのに。なんでなのかしらね、本当に残念なことだわ。彼が自分の怒りを手放して、神の意に委ねることができれば、素晴らしい成功を収めることができたでしょうに。残念だけど、私からは何もできないみたいね。なだめることも、解ってもらうこともできなかった。もう過ちを繰り返して欲しくないのだけど……信じられる？　水晶の記憶の間に忍び込むだなんて、そんなこと！」

ヴァネルは優しい声で返答しました。「そうだな、私の大切な女性〈ひと〉よ。お前の友達は、危険な闇の道を歩もうとしている。彼が為そうとしていることに対し、彼が自分の感情体に抱え込んでいる不調和の数が、あまりに多すぎるのだ」

「でも、彼は生まれつきの天才的な頭脳によって、製造主の一員になれたわ」

「そうだ、彼の創造的知能は驚嘆に値する。だがね、私の愛する女性よ、彼は7の同胞団の智慧や、9の決断には敬意を払っていないのだよ。アトランティスを破壊できるほどの潜在的パワーを取り扱うことができる立場に、本来いるべきではない人間だ」

ナムアニは彼の落ち着く声に、注意深く耳を傾けていました。なんて力強く、精神性の高い男性でしょう。物腰柔らかだけでなく、誰も敵わないと思わせるような知恵と力が彼のオーラから発せられています。この男性〈ひと〉がいると、いつも暖かく守られているのを感じました。彼女は、今世でこのような逞しくて愛らしい男性と出会えて本当に良かったと感じていました。彼とはいつもこうして一緒に時間を過ごすことはできませんでしたが、自分のことをよく理解し、愛のシャワーを浴びせてくれる男性と出会えたことに、天からの祝福を感じていました。

ふと、ナムアニは自分の演奏会用の白いローブに刺繍したシンボルマークを思い出しました。満開に咲いた一輪のピンクの薔薇の花です。それは夫ヴァネルを讃えて、彼女自身の内面に咲いた花を意味していました。彼を抱き寄せて、額に優しく口づけをしました。

「愛するヴァネル、あなたの言った通りよ。一応、お父様にも早めに相談してみるわね」

ナムアニの天真爛漫さに、ヴァネルも口元に笑みを浮かべると、その大きな両腕で彼女を優しく包み込んだのでした。

第14章　妹ディアンドラのために（ダヴォッドの秘密計画）

『製造主の家』の自室で、ダヴォッドは妹のディアンドラの苦境を嘆いていました。
「アトランティス人たちはどいつもこいつも、レムリアを破滅から救ってあげようと、まるで考えてやしないんだ」

多くのアトランティス人たちは事実、レムリア人たちを自分達より劣った存在であると見なしていたところがありました。その点も、彼が気に入らなかったところでした。レムリア人たちは感情的すぎるとか、野蛮だとか、我々の洗練された霊性やテクノロジーと比べたら原始人みたいなものだと、言われているのは事実でした。

ダヴォッドは昔から、自国の人々から同じような悪口を言われてきたこともあり、レムリア人たちには密かに同情心を持っていました。さらには、自分にはレムリア人の先祖がいるのではないかと思うようにまでなっていました。

その夜、ダヴォッドの鋭い頭脳が突如閃きました。「もしかして……僕ならできるかもしれない。でも、本当にやるのか？　この計画に穴は無いだろうか？　足りていない情報は無いだろうか……？」ダヴォッドの脳は、確実にその挑戦への武者震いを感じていました。

居ても立ってても居られなくなり、とりあえず製造主の家を後にして、迷路のように入り組む地下トンネルを通っていきました。無数の分かれ道が彼の前に立ちはだかり、その度に立ち止まり、直感を研ぎ澄ます必要があるようでした。ですが彼の決意は固いということが、その自信満々の歩き方から見えてきます。

どうすればこの秘密計画を成功させられるのか、具体的な考えなどはまだありませんでした。しかし、何としてもやらなければならないという固い決意が彼を突き動かしていました。

トンネルを進んでいくと、濃い青色の光がうっすらと道の果てに見えてきました。どうやら出口が近いようです。トンネルは次第に上の方へと向かっていき、地上出口に出ました。外の空気は、強力な力による電荷が加わっているようでした。道の真ん中を、彼は一歩一歩気をつけながら進んでいきます。丘を巻くように上り坂は続き、やがて目の前に黒くて大きな大理石の壁が立ちはだかりました。

ダヴォッドは立ち止まって、考えます。『ここを通るには、パスワードが必要のようだな……』彼は服の中から長い結晶を取り出し、それを壁に向けました。「アズラン・インラ」その言葉を呟くと、ダヴォッドは真っすぐ壁の中に歩き進んでいきました。しかし、彼は固い石の壁にガンっと頭をぶつけてしまったのです！「痛っ!!」パスワードが違っていたようです。

ぶつけてしまった額を撫でながら、考えました。「うーん、やはり黄金の門のパスワードではなかったか。正しいパスワードを見つけ出さないと」彼は何度か別の組み合わせを試しました。その度に水晶を壁に向けて、堂々と壁に向かって歩いては、頭をぶつけていました。

何度も繰り返しましたが、正解が見つかりません。次第にイライラしてきて、怒りの涙が彼の目に浮かんできました。

「もう時間が無いんだ！　早くここを通らないと！」

再び思考を巡らせました。あらゆる角度からヒントを見つけようとします。「パスワードが分からなくても、何か通過方法があるはずだ……」彼は、過去に製造主の家で行った、音の力を使った実験の研究のことを思い出しました。

「そうか、分かったぞ！　全ての扉を開けることができる、マスター・キーの音を見つければいいんだ！」

もう答えは解ったものだと言わんばかりに、喜びました。ですが、どのようにその音を見つけようというのでしょうか。彼がとった行動とは、その場に座り、訓練された通りにじっと集中状態に入ることでした。

心臓の鼓動も、次第に緩やかに、静かになっていき、呼吸も弱くなっていき、完全な静寂の域に入りました。その大いなる静寂の中でしばらく留まっていると……それは静かにやってきました。最初は、風の中に消えた小さな囁きのようでした。囁きは徐々に大きくなっていき、彼だけが知ることができた『その音』へと変貌していったのです。その音は彼を包み込み、中で響き渡り、残響が無くなるまでは、彼とその音の間に隔たりはありませんでした。彼自身が、その音になっていたのです。

最後に、彼は口をゆっくりと開いて、その音をこの世に誕生させました。すると、彼の身体全体がその音と共鳴しました。彼の声を通して、音はこの世に産声を響き渡らせたのです。彼は立ち上がり、そのまま壁に向かって歩きだすと、そのまま壁を通り抜けたのでした。

壁の向こうは、全てが明るい黄色の光に包まれていました。ダヴォッドはしばらくその場に佇んで、部屋の中から一定の調子で発せられている音に耳を澄ませていました。

突然、誰かに見られていないか心配になってきます。もしこのような立ち入り禁止にされている秘密の場所に自分がいることが知られたら、きっと取り返しのつかない大事になると思って不安になってきました。全身から冷や汗が出てきて、体中が恐怖で塗りつぶされます。そうしてしばらくは立ちすくんだままで、他に誰もいないか確かめていました。

天井の方を見上げると、部屋の頂上には4面ある水晶のピラミッドが覆いかぶさっているのに気づきました。更に彼は、その物体が製造主による制作物であったことに気づきました。視点を下に向けると、そこには小型の三面ピラミッドが、部屋の頂上のピラミッドの真下にありました。

「これがあの……さあ、どうやって始めようか？」

感じていた大きな不安を紛らわせるためでもあったのか、部屋の中を探索して回りました。すると、大型の水晶の壁の中には制御盤らしきものが、その右横には文字盤らしきものが埋め込まれているのを見つけました。彼はその上にある小さな挿し込み口に、自分の結晶を入れました。そうしたら、正面にある岩盤に何らかの記号らしきものが蜃気楼のように映し出されました。その記号は次々と形を変えていきました。

「やったぞ！　起動した！」実は彼は何年か前に、この機械の試作機の開発に携わったことがあった為、操作方法については自信を持っていたのです。その時のことを思い出しながら、まずは文字盤を操作して、レムリアの記号を表示しました。続いて、アーナへム島の記号を岩盤に表示させました。興奮冷めやらぬ様子で、彼がディアンドラの名前を入力すると、彼女を象徴する記号も同様に表示されました。

「ここだ。ここは、気を付けてやらないと」そう自らに忠告しました。僅かな操作ミスが命取りになることを知っていたからです。

三面ピラミッドに近寄り、それが大きな煙水晶の塊であることだけ確認すると、部屋のガラス製の扉をゆっくりと閉めました。制御盤に戻り、『真空』と書かれたレバーを上げました。小型のピラミッドの中から、大きな吸引音ともいえる音が鳴り響きました。

そこで彼は水晶を『起動口 1』のスロットに挿し込みました。部屋の中を閃光が走り、岩盤に映し出された記号の色が素早く色を変えていきます。次に、『起動口 2』に水晶を入れました。同時に中央のピラミッドが真紅の色に輝き始めました。

ダヴォッドは、自分の身体がもう止められないほどに震えているのを感じていました。

「頼む……頼む……！　上手く行ってくれ!!」

懇願し、震える手に持った水晶を『起動口 3』に挿し込みました。

すると、部屋中の照明が、突然途絶えました。暗闇の中に映るのは、彼の正面にあった岩盤で点滅している記号の光と、赤い色に染まったピラミッドだけです。

それまで聴こえていた音も、全て止んでしまいました。

「な、なんてことだ……失敗したというのか！　もうだめだ……彼女を殺してしまったかもしれない……ぐうう……！」

ダヴォッドは涙を流し、ディアンドラに謝り続けていました。

「うう、ディアンドラ……許してくれ。すまない。すまない……」

あと少しだったのに。ダヴォッドの膝は崩れ、床にひれ伏して、絶望の中で嘆いていました。無音の部屋に、彼の泣いている声だけが響いていました。やがて、彼は身体を横たえてずっと悲しみに暮れていました。

余程ショックだったのでしょう。彼はしばらく茫然としたまま、自分のしてしまった間違いを嘆いていました。いつのまにか部屋の照明や音も、すでに元に戻っていましたが、そのことにも気づかなかったほどです。ダヴォッドは、彼が触れようとしていた恐ろしい力に対し、恐怖心を抱き始めました。

ふと、中央のピラミッドを見てみたら、もうあの赤い色は無くなっていました。立ち上がり、恐る恐るピラミッドに近づいてみました。彼がしたことの結果に直面したくないがために、ビクビクしながら半目でピラミッドに近づきます。

さあ、彼は一体何をしてしまったのでしょうか。

深呼吸し、祈りの言葉を呟いてから、彼は目を開けてピラミッドの中を見ました……

＊　＊　＊　＊　＊

……そこには、華奢な体つきの、一人の女性がいました。

両手で頭をきつく抱えています。目を開けていますが、何を見ているわけでもないようです。苦悶の表情を浮かべていました。そうして、微動だにしません。

「うわぁーー!!　だ、誰か、助けてくれー！」

ダヴォッドは半狂乱になって叫び、両手でディアンドラの身体を引き上げました。

彼女の身体は凍てついたように、まったく動きません。

顔を持ち上げようとしても、動きません。

彼女のブロンドの髪をかき上げようとしても、動きません。

「ごめんよ、ディアンドラ……ごめんよ。おお、神よ……僕は一体、何てことをしてしまったんだ……？」湧き上がる感情の嵐で、声が出てきません。

「貴様、そこで何をしている！！？」

突如として、怒りに満ちた何者かの声が、雷鳴のように部屋に響き渡ります。ダヴォッドは雷に打たれたように驚き、飛び上がりました。

涙目の顔をあげると、そこには……なんということでしょう。恐ろしい憤怒の表情を浮かべた、あのZ博士がいるではありませんか。群青色の儀式用のローブを纏い、巨人のような威圧感を放つZ博士に圧倒され……

ダヴォッドの目の前は真っ暗になりました……

第15章　結晶手術〈クリスタル・サージェリー〉

その時、世界は狂瀾怒濤の時代の渦中にありました。かつてないほどの苦境が、これ以上ないほど強烈に経験されていました。その苦痛は喩えるなら、ナイフで何百回もめった刺しにされた後、更にナイフをもう抜けないくらい深く回し入れられるようなものと言えるでしょうか。

ダヴォッドの悲痛な叫びは、地平線の彼方にまで届くかのようでした。

「ごめんなさい！　ごめんなさい！　どうかお許しを！　ああ、ディアンドラ！　よくわかりました！　法を破っては、いけないいんだと！　どうかご慈悲を、どうかー！」

そして、沈黙……

死んだかと思うくらいの、深い沈黙がありました。ダヴォッドは最早、正気を保てません。もう、自分の肉体がバラバラになるのではないかと思うくらいの、世界最大の悲痛を感じていました。

生きては死に、また転生して生きては死に、その度に全ての知識と記憶は奪われ、遠い未来のどこかで全てを思い出す。そんな自分の運命を呪って生きてきました。彼は、その未来の一点で、再び試されることになるでしょう。

＊＊＊＊＊

ディアンドラにとっては、その苦痛を長く感じ続けることとなりました。彼女は創造的ヒーリングの智慧の殿堂である、オラリン寺院に運び込まれ、そこにあるエメラルド色の治療光に満たされた小部屋で集中治療を受けていました。

傍に佇むアローラは、とても不安げな表情を浮かべています。彼女の正面には、Z博士が立っていました。彼も重苦しい表情を浮かべています。

どうやら二人とも、ディアンドラの治療にずっと集中し続けていたようです。それは数時間……いいえ、ろくに食べず眠らずの、数日間にも及ぶ治療でした。それでも、ディアンドラの意識は戻らずにいました。地獄のような悪夢と、肉体的な苦痛を伴う麻痺状態から彼女はずっと抜け出せずにいました。

ようやく身体が動き出したものの、それは苦痛に身を捩《よじ》って寝台の上で暴れるなどの、自制が効かない動き方でした。部屋の外まで彼女のうめき声が聞こえ、彼女の乾いた唇の間からは恐怖の叫びが鳴り響いていました。

アローラはZ博士を見ると、彼はなにかを悟ったように頷きました。ここまで試してきた治療法では、ディアンドラを元に戻すことはかないませんでした。ですが、まだ試していない手段が一つ残っていたのです。二人は、それをわかっていました。最期の切り札。崖っぷちに追い込まれでもしなければ、できれば使いたくはなかったその手段。それが、『結晶手術〈クリスタル・サージェリー〉』でした。

手術の前準備は個人的なものになるため、アローラが担当することになりました。ディアンドラの衣服を脱がせて、裸になった彼女の身体には、金やラピスラズリなどの素材で作られた塗り薬が塗られていきました。この薬の製造法は後世に伝わることはありませんでしたので、使われた素材の詳細も不明のままになっています。

施術が施されている間、ディアンドラの暴れる肢体は他の巫女たちによって取り押さえられていました。施術が終わる頃には、彼女は深い夢現状態に入っていました。彼女の全身は青い光沢のあるペースト状の塗り薬で覆われています。

Z博士は指定された結晶が入った小袋を取り出し、小さな祭壇の上に置きました。彼が祈りの言葉を唱え始めます。唱える間、彼の意識が次第に薄れて、夢と現実の境界線が曖昧になっていきます。この結晶はあまりに強力すぎるため、隠れた場所に埋めることで長年その存在を隠され続けてきたようです。このような、よほどの非常時にしか使用されないということです。アローラのような女性高僧やZ博士しか、それが何の結晶で、どのような時に使われるのかを知らなかったのです。

アローラが袋の紐をほどき、結晶を取り出します。そしてそれをアメジストの器の上に置きました。その間もZ博士は祝詞を唱え続けています。詠唱し終えると、Z博士はその結晶をゆっくりと両手で持ち上げました。

その結晶は、他のどの結晶とも似ていませんでした。六面の側面を持った両剣水晶（両端に尖った先端部を持つまで成長した水晶）です。両剣のうち一端は、一点の尖った点に形が収束していましたが、もう片方は複数の尖った点が見えていました。謎の結晶の内部ではなにかの像が現れては消えていき、まるで多次元の霧が化けているように見えます。結晶の基本的な色は薄い黄金色のようです。この結晶は、高レベルの秘儀参入者〈イニシエート〉でなければその姿を見ることすら叶わない、伝説の多機能結晶だったのです。

Z博士は結晶を高く掲げました。ディアンドラのための適正な使用法は何だろうと、自分自身に問いかけていたようです。彼は何かを閃き、まずは脚から、次に上半身へと結晶を動かしていきました。実際に彼女の身体には触れないように動かしていき、彼は指先に全神経を集中させていました。エネルギーのバランスが乱れないように細心の注意を払う必要があったのです。もしそのバランスが乱れれば、結晶からは凄まじい電流が彼女の身体に向かって放出されてしまい、致命傷を負わせかねないのです。

（隠者である私から、ここでいくつかお話をさせていただきますね。この結晶手術が、具体的にはどういった手術なのかを明かすことは、実は私には許されていないのです。ですが、正しい知識を持った高度に進化した者にしか、この手の治癒術は使用できないとお伝えしておきましょう。

正しく会得した者以外が使用すると、非常に危険なのです。それから、ここに出てくる結晶ですが、これは現代の地球上にもまだ存在しています。正しい知識を持ち、使用法を心得た方々なら、その結晶を見つけ出せるでしょう。いつか、それが人類にとっての偉大な利益になることを願っています。）

Z博士の施術が終わり、結晶はもう一度空に向けて掲げられました。彼はそれをする間にも祈りの言葉を詠唱し続けています。そしてアローラの方へ振り返り、言いました。「今は眠らせておくのがよかろう。我らの仕事は終わった。ディアンドラは、およそ三日後に目を覚ますだろう。そしてその時に、この手術がうまくいったかどうか判る」

そう言い残すと、彼は結晶を洗浄して、見られないように慎重に秘密の場所に隠しに行きました。

その日の昼、彼は自分の娘であるナムアニと話さなければならないと思いながらも、休息をとることにしました。長時間の祝詞の詠唱を終えると、どっと疲れが出てきたのです。この状態では、何もする気力がありません。少し睡眠をとる必要がありました。

エノーラ寺院に入ると、彼は自分の心が沈んでいくのを感じました。娘とダヴォッドが親密だったことには、前々から気づいていました。

Z博士はヴァネル大師と面会し、簡潔な会話を交わしました。隣の小部屋では、娘のナムアニが彼女の生徒たちと一緒にいました。その部屋には無数の鈴の音が多重に鳴り響いていました。彼女がこちらに気づくと、嬉しそうな笑顔を浮かべました。

ところが、Z博士の考えを読み取った途端、彼女の表情は曇り、駆け寄って彼を優しく抱きしめました。Z博士の心は柔らかくなりました。彼女がそばにいると、平常心を取り戻して、優しい気持ちになれます。ナムアニは父を、秘密の中庭へと連れていきました。

「お父様、こちらのベンチにお座りください。何かあったのですね？　私でよければ、お話しください」ナムアニは彼の手をとり、優しい声で父に尋ねました。

それに対し、Z博士は真面目な声で返事をします。「可愛いナミよ……悲しい知らせとなってしまって、すまないのだが……お前の友人ダヴォッドは死んだよ。法律を破ったとして、7の同胞団の手で処罰を受けたのだ」

それを聞いたナムアニは唖然として、眼から涙が溢れてきました。「どうして……どうして、そんな……お父様、何が起きたのか聞かせてください」

「数日前のことだ……記憶が曖昧なのだが、確かあれは三日前だった。もう何日も寝てないのでな、すまない。とにかく、その日お前の古くからの友人のダヴォッドは、空間移動〈テレポーテーション〉の間に許可も無く足を踏み入れたのだ。パスワードを知らされていないのに、どうやって入り込んだのかは判らぬが……まあ、彼が何らかの手段を使って警護装置を抜けたことには違いあるまい。神殿内に入ると、あの男は巫女のディアンドラを、レムリアからアトランティスへと瞬間移動させようとしたのだ。何故そんなことを企んだのか、未だに誰も判らぬのだが……」

「知っているわ。私は、何故だか知っているわ、お父様」Z博士たちの疑問に対する答えを話す前に、ナムアニは一度深呼吸をして落ち着きを取り戻そうとしました。

「ダヴォッドは、ディアンドラが自分の妹だということを知ってしまったの。そして、彼女が沈みゆくレムリア大陸と運命を共にするということも……でも、彼女はアトランティスに戻って来たのに、彼は……なんてことなの……ディアンドラの容態はどうなのですか？　もういいのですか？」

「ダヴォッドは彼女を救ったとも言える。レムリアが活火山の噴火によって、今まさに海に沈もうとしているその瞬間に、ディアンドラはアトランティスに戻されたのだからな」Z博士は、実娘のナムアニの目の奥に、深い衝撃があったことを見抜きました。これ以上娘を傷つけまいと、彼は言葉を慎重に選ぶという形で優しさを見せます。「そう、母なる大地は本当に海の底へと沈んでしまったのだ。そしてこの先、人々の記憶からレムリアは失われてゆくだろう。神話や伝説としては、残るかもしれぬがな。本当に消滅してしまったというのだから、全く驚きだ。アトランティスには同じ轍を踏まぬようにしてほしいものだ。……とは言うものの、いつかアトランティスも同じように消えていくのだろうな。全ては移ろいゆくものだ。勃興と衰退を繰り返す。そこから、儂らは学ばねばならぬのだ」彼の声量が次第に弱くなっていきました。話しながら、思考が深まっていったようです。

「お父様」少し続いた沈黙の後、ナムアニが尋ねました。

「ダヴォッドとディアンドラは、どうなったのですか？」

「ダヴォッドは、空間移動の行程を熟知していなかった。そしてなにより良くなかったのが、ディアンドラの方も空間移動について前知識を何も持っていなかったことだ。事前同意も無しに、突然別世界へと移動させられたというわけだ。生きていたのが不思議なほどだ。信じられないほどの苦痛だったろうに。彼女の意識は、まだ戻らないままだ。アローラと儂は、已む無く彼女に結晶手術を施した」

彼が最後に発した言葉を聞いて、ナムアニは大きく目を見開いて驚きました。「そんなに深刻な状況なのですか？」

「ああ、そうだ。残念なことにな」重苦しい雰囲気になってきました。「まだ数日間は寝たきりだろう。起きても、何らかの障碍を抱えたまま生きていくことになるだろう」

ナムアニは静かに涙を流し、父を抱きしめました。「可哀想なダヴォッド……ヴァネルも私も、彼に良くないことが起きる気がしていたのです。お父様にも、このことを相談しようと、この三日間探し回っていたのですが、誰もお父様の行方を知る人はいませんでしたのよ。ああ、お父様、何とかならなかったのかしら？　ダヴォッドにもう会えないなんて、そんなの耐えられないわ」

ナムアニは泣きに泣いて、涙はZ博士の衣を濡らしていきました。

「ナミよ、お前を悲しませたくは無いのだ。すまない」彼の眼にも、同情の涙が光っていました。世界広しと言えど、彼の感情の要塞を開くことができるのは、娘のナムアニだけでした。

ヴァネルが静かに中庭に入ってきて、伴侶のナムアニを両腕の中に誘いました。「おいで、私の愛する女性よ。お父様を休ませてあげよう?」ナムアニは彼の両腕の中に飛び込んで、強く抱きしめながら涙を流しました。

ヴァネルに感謝を示し、二人にお別れを言うと、Z博士はやっと私室に戻って一休みすることができました。どうも自分が人間だということを忘れてしまうことが、たびたびあるようでした。人間が生きていくのに必要な、食べることや眠ることでさえも、このような時には忘れてしまいがちです。災難が過ぎ去って、ようやく自分の肉体が限界に近づいていたことを自覚し始めたのでした。もうすこし自分の身体を大事にしなければならないと、やっと思い出したのです。

「思えば随分と歳を重ねたものだ。ここまでくると、流石の若返り寺院にある若返りの泉に浸ったとしても、十分には効くまい」

アトランティスの、白く輝く道をゆっくりと歩きながら、自分が珍妙なことを考えていることに驚き戸惑っている様子でした。

＊　＊　＊　＊　＊

レムリアの終焉、そしてディアンドラを巡る運命の糸を手繰り寄せた者たちのお話でした。このお話からは、自分自身の運命を勝手に弄ぼうとすると、痛い目に遭うということが学べることと思われます。

ダヴォッドにとって……

それは、知性の死と喪失という結果になりました。

ディアンドラにとっては……

それは、これから御覧にいれましょう。

第16章　宇宙の音楽

弧を描くその音楽は、高く高く上昇し、この宇宙の門となっている二本の柱を通り抜けていきました。音楽は優雅な曲線を描き、天界の調べを奏でながら、無限の渦となっていきました。幽かに、より幽かになったその音楽に、帰還の瞬間が訪れます。さっきまでとは、違う音に聴こえます。それはすっかり別世界の旋律となって、こちらへ近づいてきます。近づくにつれ音量も増していき、地球の重力の方へと引き寄せられていきました。そして地球に定着し、その優しい音色は地球の流されずに消えていった涙の数々を洗い流し、全ての壁を取り払っていったのでした。

ついに流された涙は、無慈悲の大洪水となってその威容を表しました。ずっと耐え忍んで、流すことを許されなかった、涙。ディアンドラは、泣いて泣いて、泣きました。その涙は、永遠に終わらないかのように思えました。それは涙ではなく、雨だったと気づきました。そう、彼女は雨を降らせていました。それが、流すのに一番良いやり方だったのです。もう、どうなっても構わない。完全に手を放して、なるがままにしました。

何もかも放棄して、音楽のなすがままにされていきます。そこには平和がありました。痛みもなくなり、眩暈も、苦痛の叫び声も、全てが無に帰していったのです。

近くにはアローラがいてくれました。星天存在である彼女からは、黄金の光が放射されています。こうしてずっと健気に、ディアンドラを看病してくれていたようです。

ついに嵐が過ぎ去ったのです。上級巫女アローラはディアンドラの額に、ロイヤルブルー色の結晶で軽く触れました。ディアンドラがゆっくりと呼吸し始めました。そしてゆっくり眼をあけます。眼には、まだ涙が浮かんでいます。まだ、自分がどこにいるのかが分からないようです。無限の宇宙を内包しているアローラの星天のオーラに触れたディアンドラの眼からは、また涙が溢れてきました。ディアンドラを抱き寄せ、手と手を取り合って、アローラは彼女の額に口づけをしました。

「今は何も言わなくてもいいのよ、ディアンドラ」アローラはしっかりとした声で、そう言いました。「私はアローラ。あなたが少女の頃からずっと知っているアローラよ。良く帰って来たわね。ここはあなたのよく知る、アズトランよ」

（彼女がアトランティスの秘密の名前を使いました。この響きが、ディアンドラの無意識に呼びかけられると知った上での行動だったのでしょう。）

「ゆっくりでいいのよ。ゆっくり、あなたの感覚を起こしていって」

ディアンドラは弱々しく頷くと、もう一度眼を閉じました。

またあの音楽が、彼女を待っていてくれました。星々が巡り、輝きながら、宇宙全体があの美しい音楽に合わせて踊っているようです。全方位に向かって泳いでいくその音の波の中に沈んでいきながら、自分という存在が広大な宇宙の上に浮かんでいるのだと感じます。

ディアンドラはその中で、笛の音を聴きました。それを追っていくと、彼女は迷宮のように捻じれた星々の中を通っていきました。観ていたその世界全体が、鼓動したり、回転したりしていました。そんな中でも、彼女を導くあの笛の音だけは見失わないようにしていました。

「どこに帰るの？」ディアンドラは、彼女自身の思考を聞きました。

「故郷〈ホーム〉へ」彼女の思考は、そう答えました。

「故郷って……どの？」再び尋ねます。

「惑星地球にある、あなたの故郷へ」彼女の分身が、そう答えます。

「私の故郷は、どこなの？」彼女の出すその声は霊力〈エーテル〉の振動として表れ、遥か彼方まで飛んでいきました。

「アズトラン」彼女の半身が、そう答えます。こっちの彼女は、もう片方の彼女より色々と詳しそうです。

「私は、誰？」その問いは、海〈アクア〉の底から上がって来た泡のようでした。その泡は多分、あそこでキラキラ光る背中を見せている魚の大群が、作った泡だったのかもしれません。

「わかりませんか？　わかりませんか？　わかりませんか？」彼女の声がやまびことなって響き

渡りました。

「いいえ、わからないわ」彼女は、そう呟きます。

「私は、知っていますよ」自信がありそうに、その声は言いました。

「じゃあ、教えて。私は誰？　もう、なにもわからないの」彼女は自分の反射体に懇願します。

「まだ言えません。まだ言えません。まだ言えません」

「今は、休まないと」

「知りたいの。私は誰なの？」彼女は浮かび上がりました。高く、高く。

笛の音は彼方へと消えていきました。

「ディアンドラ、私達が彼女なのよ！」その声は威厳に満ちていました。

「ディアンドラ……？　どこかでその名前を聴いたことが……」不思議そうに彼女は呟きます。

「笛の音を追いなさい、ディアンドラ。そうすれば、あなたの居場所に帰ることができます」彼女は自分自身に指示をしました。

ディアンドラは笛の音の後を追って、天に昇っていきました。「確か、この辺だったわ。笛の音はどこに行ったのかしら。見失わないようにしなきゃ……」

音の行方を捜していると、一条の月の光に乗ってあの調べが聴こえてきました。手を伸ばして、その音を摑みとりました。それは彼女を引っ張って、天の波の間を滑っていきました。音符がたくさん現れてくれたので、メロディがもっと解りやすくなりました。音楽にしっかり摑まって、その流れに身を任せます。

すると、突然体がガクッと震え、気が付けば狭い空間の中に閉じ込められていました。そこから外に出る方法が分かりません。

「落ち着いて。そのままでいいのよ。私達の居場所が、ここよ」彼女の半身が、そう説明してきました。

言われた通り、ディアンドラはこの狭い場所の中で仰向けになって、落ち着こうとしました。制限のある場所の中で、落ち着こうとして自分を更に『制限』したのでした。

「ディアンドラ！」

また誰かに呼ばれました。でも、今度の声はどこか焦っているような声でした。

「何かしら？　変なの」彼女は不思議がって、考えていました。

「ディアンドラ、眼を開けて！」その声は優しく指示をしているようでした。

「眼って、なに？」彼女は本当にそう訊こうとしました。

ですが、その質問を投げかける前に、彼女は答えました。「眼はわかりますね。もう無限の宇宙に戻ることは、できませんよ。もう、行けないのです。ここで、肉体の中に留まらなければなりません。さあ、ディアンドラ、眼を開けて！」

ゆっくりと、重い目蓋を頑張って開けようとしました。信じられないほど重くて、大変集中力が必要な動きでした。開いた隙間から、すごい光が流れ込んできました。たまらず、まばたきをして強い光から眼を守ろうと反応します。

そして、思い切ってパッと眼を開けると、部屋には彼女一人だけではなかったのが分かりました。

男性と、女性が一人ずつ、こちらを見ていました。

「この人たちは、誰？」彼女は不思議がりました。

アローラは彼女を安心させようと、手を取って言いました。

「私はアローラ。こちらはZ博士。あなたは、アズトラン大陸に戻って来たのよ」

「ああ……思い出しそう」弱々しい声でそう呟くと、彼女は再び眼を閉じて、眠りに落ちました。

アローラはZ博士を見て、尋ねました。「……どう思われますか？」

「予想よりもずっと良好だ」慎重な口調でそう答えました。

「しかしながら、明らかに記憶障害の兆候が見られる。肉体に留まることを拒否しているような節もある。あれほどの苦痛を経験したのだから、無理もない。だが、もうあの痛みは無いのだ。時間が解決してくれるだろう。彼女の霊能力のほとんどは失われてしまったようだ。どうか、落ち込まないでほしい、アローラよ。彼女の状態は、予想していたよりもずっと良好なのだからな」Z博士の口調は次第に暖かで、思いやりに溢れたものに変わっていきました。

アローラも黙ったまま頷きました。彼女の愛らしくも整った異世界風の顔にも、ディアンドラに対する愛情がはっきりと映っていました。

失ったものに対して、気を病んでいる時間は無いということは分かってはいました。それよりも感謝の念を忘れずに、残りの仕事を片付けることに集中すべき時。

ディアンドラは生きていました。そして、もうあの耐え難い苦痛も無くなったのです。

＊　＊　＊　＊　＊

アトランティスでは数年が経ち、彼女はついにここまで回復しました。治療はオラリン寺院の姉妹団によって施されていました。

彼女は治療の間、西方の海の水平線を見つめながら過ごしていました。そんな日々の中で、海鳥たちも彼女に懐いて、彼女の足や肩に自分から乗ってくるようになりました。海鳥たちの言葉も覚えていきました。（鳥たちと、なにをお話していたのでしょうね。）釣り人達が病気や負傷した海鳥を持ってくると、彼女はそれを特別なヒーリング法を使って治し、再び空へ帰してやりました。

ディアンドラには完全な記憶はついに戻らず、彼女が継承した秘儀の数々も今日まで途絶えたままです。アルタザールのことや、レムリアのこと、彼女自身の過去の話は、決して語ろうとしませんでした。

彼女の焦点は外界よりも内側へと向けられ、そこへは柔らかな銀色の光が送り込まれていました。いわば別の次元の中に彼女は生きていたのです。その世界には苦痛も存在せず、愛が常に在ったのです。大洋を見つめることで、慰みを見出していたのです。

(実を言うと、彼女の意識のほとんどは故郷に帰っていたのです。それは水の惑星アリオンの流れに浮かぶ、ドーム型大都市ダルーンです。これはまた別の物語となりますので、これ以上ここでは語ることはしません。)

更にその数年後、ディアンドラは寺院での暮らしからも遠ざかり、その後は、他のいかなる人間と話している姿を見られることはありませんでした。

第17章　宇宙人女性ムー・ラの魔法

大きなコンドルが宙に輪を描いて飛んでいます。高い高度の空中にしかない、この清廉な空気がコンドルの羽並みの美しさを際立たせています。その眼下、ティワクの建物群が並ぶわびしげな景色の中に、コンドルの影が泳ぎます。太陽からは暖かいはずなのに、なぜだか涼しげで奇妙な蒼い光線を放っており、地上に数本の木々の影を作り出していました。荒涼とした大地の中に、それは見えてきました。チチカ湖です。それは、広大な灰色の砂漠のオアシスのように、上空に向けても新鮮な光を放っていました。

アルタザールとソラナは湖の岸にいました。水の中を泳ぐ魚を捕まえるために、網を投げ込んでいます。ティワクに迷い込んでから、どれくらいの時間が経過したのでしょう。二人にはそれを知る術はありませんでした。ここは時間の存在しない場所。ほんの一瞬が、何年もの時間となるかもしれない、そんな不可思議な場所です。二人は何度か、今の時刻を知ろうとしましたが、それらの試みも無駄な努力に終わりました。ここは外界から隔絶された場所だったのです。

アルタザールにとっては、どういうわけか、この場所に不満はありませんでした。アトランティスに行くという二人が背負っていた任務のことは、もう口にしなくなっていました。まるで、世界に残ることを拒絶し、引退することを決めたかのようです。あの女性、ムー・ラとも随分親密になったようで、たまに同じベッドで寝ているようです。そうして彼女は、彼といくつかの秘教儀式を行って、奇妙な技術を仕込んでいたようです。

ソラナはこれまでと同様、アルタザールの観察に専念しながら、多くは語らないようにしていました。お互いを想っていた二人の関係は、次第に離れていきました。ですがソラナは、ムー・ラに徐々に心を奪われて自分を見失っていく友人アルタザールのことを心配していました。このままでは、ムー・ラに完全に心を支配されてしまうでしょう。

ソラナはただ注意深く状況を観察して、そこの土地を包む奇妙なエネルギーの正体を摑もうと、手がかりを探し続けていたのです。あの異星人の女性ムー・ラのことは、まだ信用していませんでした。彼女が強力な魔術師であり、その霊的な蜘蛛の糸をアルタザールの周りに張り巡らせて、彼の魂までも魅了して離さないようにしていることを見抜いていました。

ですが、アルタザールにはこのことを話すわけにはいきませんでした。話したところで、きっとアルタザールから敵視されてしまうでしょうから。（忠告というのは、聞く耳持たない人には通用しませんものね。）ですから、とりあえずは友好的に振舞っておいて、行動の時が来るまでは待ちに徹することに決めたのです。これだけ長い期間待ったのだし、もうすぐその時は来ると信じていました。

アルタザールが網を引くと、パシャパシャと水しぶきを散らす小魚が見えてきました。「ほら、見てくれ、我が友よ。今回も良く捕れただろう。ムー・ラもきっと喜ぶだろうな。ソラナよ、どうかしたのか？　今日はあまり、釣りに乗り気ではないようだが」

ソラナは友人の顔色とタイミングを窺い、今が全てを正直に話すチャンスだと思いました。「アルタザール、ちょっと座って話さないか。できれば、注意して聴いて欲しいんだ。僕のこの考えを」

アルタザール王は、その辺にあった岩の上に腰かけました。少々、怪訝そうな表情を浮かべています。「いいだろう、話してくれ、ソラナ。ちゃんと聴こうじゃないか」

彼の近くに座り、言葉を注意深く選びながら、ソラナはアルタザールにゆっくりと話し始めました。「本当に、長い間一緒に旅行したよね。君は僕の兄貴同然だ。二人がラパンヌイ島から出発したあの朝から、どれだけの年月が経ったんだろう。目的地は、そう、アトランティスだったね。でも、ティワクに着いてからは、時間が止まってしまったようだ……もちろん、外界では時間は絶え間なく流れ続けているんだろう。止まってしまったのは、僕らの旅の方だからね。出発する時に、司祭の一人が僕らに祝福をしてくれたのを覚えているかい？　僕も、7の同胞団に向けた伝言を持ったままなんだ。みんな、僕に大事な仕事を任せてくれたんだよ。アルタザール、僕はこの任務を最後まで全うしたい。それに、僕には君をアトランティスまで無事に送り届けるという、もっと大事な任務もあるんだ。このままだと、皆との約束を破ることになってしまう。僕がここで落ち着くことができないでいるのは、任務を完了できていないからなんだよ。君がここを気に入っていて、離れたくないことは分かっている。でも、やっぱりいつかはここを出て、任務を果たさなければならない時が来るんだ」

ソラナはアルタザールの顔色を注意深く窺いながら、発した言葉の影響を観察しようとしました。「どう思う？」

アルタザールは深いため息をつきました。やはり、不快感もあったようです。ですが、それは彼がソラナの言葉の中に真実があることに気づいたということでもあったのです。「お前の言う通りだ、ソラナよ。もうじき、ここを去らねばならない。だが、私は……本音を言うと、出ていきたくないのだ」

ソラナは緊張しながらも、一抹の安堵を覚えました。「アトランティスへの旅が終わったら、いつでも戻ってこれるさ。君が望むようにやればいい」

「うむ、その通りなのだが。私は、ムー・ラと離れたくないのだ。私は彼女に、不思議なほどの愛着を持っているのだ。だが、確かに私は責務を全うしなければいけない。今夜、ムー・ラと彼女の私室で話してみるとしよう。彼女なら、私たちの任務の重要性を理解してくれるだろう。では、いつ出発にしようか？」アルタザールはソラナに尋ねました。

「できるだけ早い方がいいよね……明日はどう？」少し考えてから、そう答えました。『彼女が許すならね……』そう心の中で呟きながら。

＊　＊　＊　＊　＊

その日の夜、アルタザールはムー・ラの寝室にいました。ムー・ラの大きくて力強い肢体にその身を包まれながら、ベッド上で二人きりで会話を楽しんでいたようです。彼の身体にはムー・ラの長くて重そうな黒髪が蛇のように絡まって、離さないようでした。慣れもあったのか、アルタザールは彼女の屈強な肉体の重さや、まるで捕食されているかのような彼女の愛情表現のとりなし方を心得始めていたようでした。

ですが時折、彼も息苦しさを感じてはいました。たまには新鮮な空気を吸わないと、窒息死してしまいそうだと思っていたほどです。それでも彼女の強力な磁力に引き込まれてしまっていたのです。そして、その引力の中で夢中になっていたいと願う部分も、アルタザールの心には確かに芽生えていました。我を忘れていられる間だけは、悲しみも全て忘れ去ることができたのだからら。

アルタザールは彼を包むムー・ラの腕から這い出て、彼女に話しかけました。「情熱的なピューマよ、今宵お前に話したいことがある……」躊躇《ためら》いが彼の次の言葉を押し止めようとします。何故、『ここを出発する』という一言がこんなに重く感じるのか、疑問に思いながらも。（彼はラパンヌイ島へ出発する前にディアンドラと過ごした一夜を思い出していました。その時に感じた、胸が苦しくなるような心痛。あの時、彼女の元を去らなければ今頃……悔やんでも悔やみきれない想いでした。）何故、いまムー・ラにこのことを伝えるというだけのことがこんなに難しいと感じているのでしょうか。『恐れているというのか……？　彼女のことを？』自分自身に問いかけます。

「以前、私とソラナがティワクに辿り着いた時……」彼は単刀直入に伝えるよりも、回り道をすることを選んだようです。「ソラナと私は、アトランティス大陸を目指していた。ラパンヌイ島の高僧たちからの頼みもあってな。アトランティス人の援助を得られれば、レムリアの生き残りの者たちを救助できるかもしれないのだ。そして今、レムリアの母なる大地に行く任務よりも、ティワクに留まることに甘んじてしまっている。私にとっては、この上なく心地よい滞在ではあるのだが……」

彼女の頬に口づけをした彼は、彼女の表情に浮かんだ氷のような冷たさに気づいてはいませんでした。

「とにかくだな、我々は旅を続けなければならないのだ。この任務を終えたら、是非ともここへ戻ってきて、お前と一緒に居たいと考えている」

アルタザールは愛の眼差しをムー・ラに向けましたが、彼女の目に怒りの炎が燃えていたことに気づいていない様子です。

「明日早朝にここを発つことにしている。向かう先は、神秘のAN王国だ。しばらく会えなくなるが、どうか寂しがらないでおくれよ」

沈黙。

といっても、それはとても不穏な静けさでした。噴火寸前の火山のように、張り詰めた雰囲気です。アルタザールも流石に感づいて、彼女をなだめようとしました。「ムー・ラよ、私が何かお前を傷つけるようなことを言っただろうか？」

突然、ムー・ラが雷のように立ち上がったかと思うと、ものすごい声で叫び声を上げました。

「ああああ‼」

その姿はなぜかどんどん大きくなっていくように見え、まるでそびえ立つ巨大活火山のようでした。

　怒りの声を上げます。「あなたという男は！　なんてことを！　なんてことを！　この愚か者！　どうでもいいのよ、そんなこと！　レムリアはもう無いのよ!!　生きてはここから帰さないわよ。あなたは、私のものなの！　あなたは完全に、『私・の・も・の』なのよ!!　分かったかしら？　この馬鹿！　もう、私を独りぼっちにはさせない。誰も！　私を！　一人にはさせないから!!」

「ムー・ラ……なぜお前は独りになったのだ？　なぜ、他の者たちはお前をここに残し、故郷に帰ってしまったというのだ？」彼女の激情に驚きながらも、形だけ平常心を保っているようにして、尋ねました。

「私が強すぎたから、それに対する罰だと言っているのよ。あいつらは、私が怖いのよ。私がどれだけ純粋なのかが、分かっていないのよ！　ここでの仕事が終わった後、私も一緒に帰ることを許さなかった。あいつらは、この場所と私を捨てていったのよ。独りぼっちにしたの。私は地球に囚われて、ずっと一人で生きてきたのよ……」ムー・ラの激怒は、突然苦々しくも乾いた虚しさに変化しました。

同時に、彼女の若かった顔が、急に年老いた老女の顔に変わっていきました。アルタザールの目の前には、美しかった女性はもういなくなり、代わりに世にも醜い姿の異星人が立っていました。

その圧倒的な光景を平静さを装いつつ目撃していたアルタザールは……

なんと彼女に若干の同情心を覚えていたのです。

「その者たちがお前をここに残してから、ずっと独りで耐えてきたのだな？」

「そんなことないわ、この間抜け」彼女はからかっているような声で返事をしました。

「男の捕まえ方なら知っているわよ。ティワクの周辺に立ち寄った男たちを、お前たちにしたように、魔法でおびき寄せるのさ」

「それで、お前におびき寄せられた男たちは、どうなったのだ？　まだ、ここにいるのか？」アルタザールは内側から湧き上がる恐怖を感じていました。

「平行次元に送られただけよ。私にとってもう、要らなくなった男はね」怒りに満ちた声で彼女はそう言いました。

するとムー・ラは、アルタザールがショックと拒絶の表情を浮かべていることを感じ取りました。「あら、そんなに心配しなくていいのよ。あなたは私のペットだから。みんな、幸せそうにしていたわ。見たことも聞いたことも無かったことを私から学べたのだから。あなたのようにね」彼女は歪んだ愛情のこもった笑顔で、アルタザールを見つめました。

「誰も不満を言う者はいなかった。みんな、囲ってほしがっていたのよ。可愛いアルタザール、あなたみたいにね。私だって、あなたの痛みを和らげてあげたでしょう?」

急に誘惑の素振りを見せてきました。アルタザールが出会った女性の中で、最も誘うのが上手な女性でした。彼女の近くにいると、その強力な磁界へと引き込まれてしまうのです。

彼の顔にゆっくり手を伸ばします。彼女の長い指が彼の顔と胸に当たると、アルタザールの全身に肉欲の電流が走りました。

「く、来るな……！」歯を食いしばってから、アルタザールは言葉を絞り出します。

「離せぇ!!」彼女の手を押しのけます。

「アルタザール、絶対にあなたを離さないわ」彼女は、自身の身体を愛撫し、猫のように高い喘ぎ声を上げながら、彼女はそう宣告しました。

アルタザールにはもう何の選択肢も残されていませんでした。

『この女からは、逃げられない。いや、逃げたくない。ティワクを去りたくない』

彼はムー・ラの魔法にかけられてしまったのです。気づかない間に、もう底なし沼に全身が浸かってしまっていたのです。ようやく、あの奇妙な儀式の数々の意味が分かりました。彼の魂までも、すでに彼女に捕らえられていたのです。やっと全てをはっきりと理解したというのに、やっと彼の意識が戻ったのに、なんという悲劇でしょう。なにもかも、遅すぎたのです。束縛は既に抜け出せないほどに強くなっていたのです。

彼はもう身動きがとれません。

自分の運命を、その手で動かすこともできません。

完全に、彼女のものになってしまったのです。

粉々に割れて砕け散った自我を直視したくはありませんでした。その現実から逃れるため、アルタザールは無理やりムー・ラを抱き上げて、寝室へと運んでいったのでした。

第18章　ムー・ラとの対決

その朝は、早くから嵐が押し寄せてきました。夜のように暗い空を、激しい稲妻が走ります。それは、神々が矮小な人間たちに向かって、その全能の力を見せつけているようでした。(人間が自然を意のままに支配しようなど、おこがましいと思われませんか?)

雷に続いて、豪雨が降り始めました。大粒の雨が地面を叩きますが、すぐには地面に染み込んでいきませんでした。それは、いくつかの水の流れとなって、各々が湖へと向かっていきました。水の流れはこうして、チチカ湖へと合流していったのです。

アルタザールは眠れぬ夜を過ごしていました。取り返しのつかない悲運で全身が押しつぶされそうです。また過ちを犯してしまったのです。

もう誰も、彼を立派な王と呼ぶことはできないでしょう。彼の民が、今の彼の醜態を見たら、きっと失望するでしょう。どうして、ムー・ラなどにこんなに無様に支配されてしまっているのでしょう？

本殿へと歩いていった彼は、いつも通り四方に佇む四人の精霊たちを無視して、通り過ぎていきました。ソラナにどんな顔をして会えばいいのでしょう。彼は嘆きました。

ソラナはこの黒魔術にかかっていない様子です。恐らく最初に会った時から、既にムー・ラの思惑に気づいていたのでしょう。拭いきれない罪悪感と羞恥心で、彼の頭はいっぱいになっていました。

「なぜ私は、こんなに愚かな人間なのだ？」絶望にうちひしがれています。「あの頃の輝かしい私は、どこへ？　もう彼女から離れられないのだ」理性の欠片も無い、野獣のように乱れた一夜が過ぎ、彼は自分自身の弱さをひどく嫌悪するようになっていきました。このような裏切りの地から自分自身を切り離して、ソラナと一緒に旅立ちたいと、切に願っていました。

ですが、結局それができないでいます。やろうとすると、どうも体中の気の流れが塞がれてしまうようなのです。そういう時は、指一本動かすこともできないのです。彼が進んで、この黒魔術を自分にかけてしまった所為です。その魔法を解く方法も分かりません。抗う術もありません。

「おはよう、アルタザール。さあ、出発の準備はできているかい？　友よ！」

ソラナはいつもと変わらぬ朗らかさで部屋に入ってきました。ＡＮからの贈り物であるマゼンタ色のポンチョを身につけ、法螺貝も首からぶら下げています。

アルタザールはうなだれて、床を見つめています。聡明なソラナに向ける顔がありませんでした。ソラナが彼の精気の様子を視てみました。うなだれた彼からは、不名誉、羞恥、辛苦、そういった負の感情を読み取ることができます。

ソラナの両目から、涙が溢れてきました。アルタザールに駆け寄って、強く彼を抱きしめます。アルタザールの経験している苦悩を、痛い程感じたのです。なにより、自分の手で犯してしまった数多くの失敗への、強い自責の念を。それでも、アルタザールは頑なに顔を上げようとしません。

アルタザールをきつく抱きしめていると、ソラナの目は慈悲心と赦しで満たされていきました。

「いいんだよ、兄貴。何があったのかは、解っているんだから。その魔術を解いてあげたいけれど、僕にはできない。魔術については全然詳しくないんだ。でも、君は自分が今どういう状況にいるかは認識しているようだし、いつか君も自由への鍵を手にする日がくるはずだ。そう願っているよ」

アルタザールは下を向いたまま、黙って話を聴いていました。恥ずかしさで、ソラナの顔をちゃんと見ることができないでいます。

「君と、ここに残ることもできるけれど……」そう言った後、しばらく沈黙してから、ソラナは話を続けます。

「でも、この任務も同じくらい大事だし、僕たち二人の願いを叶えるためにも、僕は行くよ。なんとかして、アトランティスまで行ってみせる。誰かがやらなきゃいけないんだ。君をここに残して行くのは、辛いけれど……僕の世界一の親友である君を。こんな、魔法にかけられた場所より、AN王国に二人で行きたかった。運命というのは、なかなかに厳しいものだね」

「アルタザール、どうか元気を出しておくれよ。ここでは、楽しい日もあったじゃないか。またそういう日がきっとあるさ。お願いだ。そんなに自分を責めないでくれ。終わったことは、もういいんだ。悪いやっかいな出来事の中には、なにか理由があって起きていることだってあるんだ。それの見分け方を知らないっていうだけの場合だってある。でも、そこにはあるのさ。天の計画というものがね」

「僕たちの未来は、常に『今、この瞬間』の思考と行動で創り出されている。それが解ると、いつだって、どん底からだって、抜け出せるんだ」眼を閉じて、アルタザールの肩から手を放します。「さようなら、アルタザール」そう言い残すと、彼はアルタザールに背を向け、出発しようとしました。

「お待ちなさい。どこに行こうというの？」扉の向こうから、不吉な影が忍び寄ってきます。ムー・ラが笑顔で部屋の中に入ってきました。手には、ターコイズ色の装飾が散りばめられた短剣を持っています。ソラナの注意が短剣に集中します。

「アルタザールは、君とここに残る。僕に用はないだろ。僕はティワクを出ていく。そこをどいてくれ」

「誰も生きてはここを出られないわよ。あなただけが例外になれるとでも思って？　私も独り、ここに取り残されたのよ。私は、最後なのだから」彼女の柔和な声には、微かな脅迫の念が混じっていました。

「僕は行かないといけない。だから、行くんだ。君が最後？　なら、僕は最初だ！」彼の声には、これまでアルタザールでさえ聞いたことが無かったような、貫禄がありました。まるで別人のようです。

「アハハ！　この愚か者がぁ。やれるものなら、やってごらんなさいよ！」手に持った短剣を撫でながら、狂気に満ちた表情で彼女はそう言い放ちました。

アルタザールはまるで夢でも見ているかのように、その場面を目撃していました。二人の間にいると、彼を引き付ける二つの強力な磁極の間にいるような気分です。

『ソラナを行かせてほしい。ソラナを傷つけないでほしい』

そう願っていました。もちろん、彼自身もソラナに付いていてここを出ていきたいと思っていましたが、その気力も意志も出てこなかったのです。その時は、ムー・ラに言われたことしかやらない堕落した人間になり果てていました。彼の主導権はムー・ラの手の内にあったのです。だからこうして、黙ってこの最悪なドラマの展開を見守ることしかできなかったのです。そして、自分こそがこの災難の原因になっていることにも気づいていました。

「私に勝てるとでも思っているの？　ソラナ」ムー・ラがあざけりを含んだ声で挑発します。

「それと、アルタザールが大事なお友達だと思っているの？　現実を見せてあげるわ。どちらの方が強いのか。それに、お前の大事な、いと高き王が底辺まで堕ちたということをなァ！」

ソラナはしっかりと地に足をつけ、彼女の禍々しい目つきにも動じません。

「アルタザールぅ、こっちへいらっしゃい？」わざとらしい官能的な声でアルタザールに呼びかけます。「あなたに、特別プレゼントがあるの」

アルタザールは動きたくありませんでした。彼の意志が、動きたくありませんでした。ですがそれに反して彼の両足は、勝手に彼女に向かって歩いていきました。

「なんだい、私の愛しい女豹よ」勝手に唇から言葉が漏れます。彼の内側では、彼の意志がもがいていました。

『私に操縦権を戻してくれ！　この邪悪な女に、私を使わせないでくれ！』

「私にキスをして、愛撫をなさい。あなたのお友達に見せてあげましょう？」絹のような滑らかな声で、アルタザールに命令をしました。

ソラナには目もくれず、アルタザールはムー・ラを抱き、情熱的なキスをしました。手を彼女の衣服の中に入れ、胸を愛撫し始めます。

「ふん、下手くそね。もういいわ！」彼女は馬鹿にしたように薄ら笑いを浮かべ、アルタザールを突き飛ばします。

「ねえ、ソラナ。このバカ猫のことどう思う？　もっと見てみたいかしら？」

ソラナは無言で冷静に、ただ見ていました。

アルタザールは恥ずかしさと抑えつけている怒りで、顔が真っ赤になっていました。

ムー・ラのソラナに対する敵意は、あからさまになっていきました。「ああ？　冷静沈着なつもりか、手前ェ⁉」

手に持った短剣をアルタザールに渡し、言いつけました。「はい、私のペットちゃん。これで、お前のお友達を殺しなさい」

アルタザールは無感情の目で、手に持った短剣をボーっと見つめています。鋭い刃が、誰かの血を欲しているかのようにギラギラと光っています。そのエネルギーは、彼を大量のお酒を飲んだかのように酔わせます。体中の血流が、荒々しく巡っているのを感じました。

『従え！　従え！』

全身を巡る血が、語りかけてくるようです。

『ソラナを殺せ！』

自分の血から、そう命令されるのが聞こえました。

手に短剣を持って、じりじりとソラナに詰め寄ります。ソラナの曇りの無い緑色の瞳からは、アルタザールの正気でない目の奥底に、大きな葛藤で苦しんでいるアルタザールの姿が視えていました。アルタザールは立ち止まったかと思うと、凶器をソラナの心臓めがけて突いてきました。

ソラナは法螺貝を口にあて、長く一定の音を出しました。

一瞬、時が止まります。

そして、時は動き出しました。

アルタザールがソラナの心臓を突き刺そうと、短剣を持つ手に力を入れましたが、そこにソラナはいませんでした。目の前から、突然消えてしまったのです。

自分の内側に閉じ込められていたアルタザールは、深い悲しみに泣き叫びました。

「うおおお！　私は……なんということをぉー!!」外側の彼も、同じように叫びました。

怒りに目を燃やし、振り返ると、雄たけびを上げながらムー・ラに向かって走り、そのまま短剣を彼女の胸に深く突き刺しました。

ムー・ラは力なくその場に臥します。

アルタザールは鎮まらぬ怒りを放ちながらも、周囲を見回しました。その存在を忘れられていた精霊たちは、いつものように病的なほど青白い光を放ち続けています。

アルタザールの奥底から、溢れんばかりの涙が湧き出てきました。

神殿を飛び出し、

豪雨の中をひたすら走りました。

森を抜け、湖のほとりを横切り、どこへ向かうわけでもなく、

ひたすら走りました。

何度も転び、身体の痛みで歩けなくなるまで、走りました。

＊　＊　＊　＊　＊

ティワクの神殿での、嵐の一日でした。アルタザールにとっては、天国から地獄に叩き落とされた決定的な日でした。ソラナはほとんど親友のアルタザールに殺されそうになり、已む無く二人は別れることになったのでした。

私もこの日は、泣きました。二人の為に、胸を痛めた日でした。

アルタザールはもう二度と自分自身を許せなくなってしまうのではと思い、とても辛かったです。彼がもう一度自分自身になるためには、まずはこの肥大化した罪悪感を手放す必要があるからです。

それはとても難しいことですが、真実を思い出し始めるのは、その後です。

結晶山にいる私に会えるのも、その後です。

第19章　ラパンヌイ島の司祭ソラナ、ついに秘境AN王国へ

あの時、ティワクの神殿内で、ソラナはとっさに法螺貝を吹いてみたものの、何が起きるのかは全く予想していませんでした。危険な賭けでした。彼はただ、心の声に従って音を出すという行動に出たのです。

あの時、アルタザールが壊れていく過程を見て、この結末を決定していたのかもしれません。

このように彼から離れてしまうことで、もう自分が激情ドラマに参加しないことで、アルタザールは自由になったはずだと。そう願っていました。法螺貝はその時、『もう観たくない』という選択をしたのです。

気が付くと、ソラナはどこかの山の頂上に立っていました。周囲に人影はありません。そこがどこなのかも、どうやってここまで辿り着いたのかも、なにも解りません。遠くを見渡してみる

と、何やら湖のような青い点が見えます。恐らくチチカ湖だと彼は思いました。

ソラナが立っていた地点は、森林限界〈高木が生育できず森林を形成できない限界線〉を越えるほどの高度のようでした。ここの空気は水晶のように澄んでいて、しかも豊富な生命活力〈プラナ〉に満ち満ちたところでした。空気がダイヤモンドのようにキラキラと輝いていたのです。どこかは分らなくとも、不思議な空間であることには違いありません。

ソラナは太陽を仰ぎ、ＡＮを讃える古代の祈りの言葉を高らかに歌い上げました。

「偉大なるアンテスのＡＮよ！

台風の目であり、

闇の中にある光であり、

光の中にある闇である、

偉大なるANよ、
我に与えよ、
平和の道を、
全との一体感を、
我が正しく、
真実であるのならば」

歌い終わると、彼はポンチョを折り畳んで傍に置き、座り込んで瞑想を始めました。
しばらく瞑想状態のままでいると、優しい感じのする鈴の音が聴こえてきて、音は彼の方に近づいてくるようです。

眼を開けると、そこには一人の男性がこちらへ歩いてくるのが見えました。手には金色の物体を持っています。その物体の上には、いくつかの小さな金色の鈴がついた、黄金の太陽と月をかたどった装飾がつけられていました。この見知らぬ人からは、言い知れぬ貴族性が漂っていました。どこかの王族のような華麗さがあります。とても背が高く、長く緩やかな黒髪を持った、顔の整った男性です。その黒い瞳は奥深く、優しい光を湛えていました。彼の引き締まった体は、若干短めのビクーナ〔南米アンデス山脈に生息するラクダ科の哺乳類で、羊毛に似た赤褐色の毛は現代では高級毛織物にされる〕の毛織物の上着を纏っていました。そして何より際立っていたのは、彼の両耳には光輝く太陽型の円盤のような、大きな黄金色の耳飾りがあったことでした。

彼はソラナにお辞儀をして、両腕を太陽へと掲げてから言いました。「ソラナ、其方《そなた》を我らのAN王国に招待しよう！」余裕を持った声でそう宣言し、彼は自己紹介をしました。「我が名はアカ・カパック。さあ、我の後についてきなさい」

ソラナは大きく安堵の笑顔を浮かべました。まず、このような未知の場所ですぐに助けが現れてくれたこと、そして何より、これから彼を待ち受ける不思議な運命に対し、ワクワクする心を抑えられなかったのです。ついに、念願のAN王国を見つけたのですから！　立ち上がり、アカ・カパックの手を固く握りました。「僕を見つけてくれて、ありがとう！　うん、付いていくよ。僕をそこに連れて行って！」

アカ・カパックは包み込むような穏やかな眼差しを向けてきました。ソラナもそれに笑顔で応じます。「行こう、我が兄弟よ。今日は色々とあって、疲れただろう。そこに着いたら、ゆっくりと休むがよかろう」

彼は山の中腹の方に向かって、道案内をしてくれました。そこには小さくとも、手入れの行き届いた登山道がありました。二人はジグザグになって続く下り斜面を、ゆっくりと降りていきました。崖の下の方には川が流れていて、肥沃な緑の渓谷が見えていました。

「あれがAN？」ソラナは尋ねました。

「そうだ、あれがAN。あの場所と、我らがANである」彼は山々と空全体を指さして、そう答えました。

谷底まで辿り着くと、数㎞ほどの距離を川岸に沿ってしばらく歩いていきました。進んでいくうち、遠くから音楽が微風に乗って聴こえてきました。近づくにつれ、角笛の低い鳴動が聴こえてきます。音は谷の中を跳ね返りながら、その場所全体に響き渡っていました。そして、どこか遠くにあるもう一つの山からも、その返事だったのか、別の角笛の音が返ってきました。

「我らの接近を告げているのだ」アカ・カパックがその音について説明をします。

ソラナの中には興奮が渦巻いていました。その後、二人は一対の巨岩の間を通り過ぎました。それは秘密のアニの谷への入口を示していたのです。二人が帰還するのを見て、数人の住人たちが手を振ってきました。アカ・カパックの家族でしょうか。みんな、とても顔が似ています。

アカ・カパックはソラナの方を振り返り、囁き伝えました。「さあ、その法螺貝を吹いて、ANへ挨拶をしなさい」

ソラナはまっすぐに姿勢を正してから、敬意をこめて法螺貝を吹きました。音は黄金の矢のように、風に乗って谷を巡ります。山から山へ、音は跳ね返りながら、徐々に小さくなって消えていきました。

アカ・カパックは微笑んで、言いました。「よくやった、兄弟。よく戻ってきてくれたな、ソラナ。ようやく、其方を迎えることができて、誇りに思う」

デコボコした道を渡っていくと、藁ぶき屋根の石の家が並んでいるのが見えてきました。そこには住人たちが暮らしていました。顔が整っていて美しい、健康的な見た目の男性、女性、子供達が、ソラナたちに気づくと笑顔で手を振ってきました。

興奮した様子の囁き声が聴こえてきます。「見ろ、ソラナだ。帰って来たんだ。ソラナが故郷に帰って来た！」そこは愛と友情の空気に満ちていました。

その先で彼らを待ち受けていたのは、巨大なピラミッドでした。天日で焼いたレンガで組み立てられた、とても大きなピラミッドです。「これが、アナニのピラミッドだ」アカ・カパックが説明をしてくれました。

「中では、古の御仁が我々の帰りを待っている。謁見の準備はできているな？」

「は、はい」ソラナはかしこまって返事をしました。心の中の喜びがすごい勢いで膨らんで、心臓は飛び出そうなほどドキドキしていました。「想像していた通りだ。すごいよ、ANは。この場所を、僕は知っているんだ」アカ・カパックに、彼の感じていることを素直に伝えました。「完璧すぎるほど、ここに馴染む気がするんだよ」

「それは、ここが其方の系譜にとっての、真の故郷の地だからだ。これまでも、ここへ戻って来た者たちは、ここに初めて来たとは思えないと言って驚きを示していたのだよ。其方はこれまで、夢の中でANを何度も訪れている。だが、本当に物質界に実在しているか、疑問に思っていただろう」

二人はアナニのピラミッドの基底部分に歩を進めました。そこからは、昇り階段がまっすぐにずっと続いていて、4階部分とも言える場所まで進みました。

そこにあった斜めになっている扉をくぐると、二人は大広間に出ました。

金銀で見事に装飾された椅子に腰かけている、一組の男女がそこにいました。どちらも、ソラナが会った誰よりも魅力的な存在感を放っている男女でした。衣服は白い衣のみで、とても、とても年老いた人達でした。ですが、溢れんばかりの美しい光を放つ、超越的な存在でもありました。完璧な真愛、完璧な純粋智慧そのものです。

ソラナは強烈な既視感を覚えていました。この二人には、以前に確かに会ったことがあったのです。ひどく懐かしいと思う気持ちが溢れてきました。全てを、完全に思い出す直前まで来たのです。

男性の方が声をかけてきました。「ソラナ、お前なのか？」その声は、大いなる威厳を含んでいました。

「はい、タイタ……お父さん。太陽の父よ」その男性に抱擁され、ソラナは湧き上がる感動を胸に、そう返答しました。

「ソラナ、我が息子よ。お前の故郷、AN王国によくぞ戻ってきてくれた……！」太陽の父が力強く響く声で囁きます。

女性の方も、ソラナと話すのを今か今かと待ちわびている様子です。彼女の雪のように白い白髪は、後ろの方で三つ編みに編まれていました。彼女の顔は皺だらけであっても、光輝く美しさを放っていました。ついに息子を両腕に抱いた母が、そっと囁きました。

「私のソラナ、良く帰ってきてくれましたね。この日をどんなに待っていたことか。さあ、もっと近くで顔を見せておくれ。絶対にここを見つけ出してくれると、信じていたのよ」小声でも、感慨深げに気持ちを伝えます。

「ああ、ママキ！　僕のお母さん。月の母よ……」ソラナも溶けそうに柔らかな声で答えました。どうして彼らの名前を知っているのかとか、そういった疑問は一切持っていません。

「さぞ疲れているのでしょう。それに長旅で、お腹が空いているでしょう？」彼女は尋ねます。

広間にいた従者の一人に、ソラナとアカ・カパックのために食べ物を持ってきて欲しいと伝えました。彼らは近くにあったアルコーブ〔壁面の一部をくぼませて造った小部屋〕に案内され、そこにあったフカフカの大きな座布団の上に座りました。差し出された食事は見た目もとても綺麗で味も美味しく、ソラナは心も体もリフレッシュできました。

空腹を満たしたソラナに、太陽の父が尋ねました。「アルタザールと旅をしていたのだろう？

彼に何か起きたのか？」

　それを聞いたソラナの表情から明るい笑顔が消え、彼は親友の身に起きた悲しい出来事で、眉間にしわを寄せました。「とても悲しいことがあったんだ。残念だけど、今は彼がどうしているのか分からない。ここに来る前、僕らはティワクの神殿に囚われていたんだ。そこにいたムー・ラっていう四本指の異星人に、アルタザールは魔術で操られてしまって。彼と一緒に脱出することができなかった。ムー・ラは、僕のことも外に出したくなくて。最後は、アルタザールに短剣を渡して、僕を殺せって命令して。僕は、自分の内側から声が聴こえて、それでこの法螺貝を吹いたんだ。そうしたら、そこから僕だけ脱出できたみたい」首にぶら下がった法螺貝を指さします。

「だから、急いであの狂魔術師の女から、なんとか彼を救い出さなきゃ」拳を握り、彼は友を救いたいという決意を再表明しました。

「愛しいソラナ……」月の母が深遠な智慧を含んだ声で、語りかけます。

「ティワクでの出来事に、私達が介入することはできないのです。同じように、彼らの側からも、私達のことに介入はできません。その昔、その場所には星天からやってきた四本指の訪問者たちが定住しました。その多くはシリウス星系に起源を持つ者たちで、この惑星における原初植民期に来た者たちです。そこは人間たちにとって、多くの秘教を学ぶことができた重要拠点として機能していました」

「この言い伝えは、地球の現在の周期の始まりにまで、その起源を遡ります。そこにはかつて、4つの扉がある神聖な洞窟がありました。チチカカ湖の畔から、そう遠くない場所にその洞窟はあります。それぞれの扉からは、一組の男女が姿を現したのです。二人は兄弟姉妹でありながら、夫婦でもありました。兄弟たちの名はラ・ムー、メ・ル、マ・ヌ、それからラ・マでした。このうち、ラ・ムーと呼ばれた男性の伴侶が、ムー・ラなのです」

ママキは話を続けます。「宇宙の遠く彼方から来訪したティワク人たちによって、多くの古代文明や部族が生み出されました。ラパンヌイ島、レムリアも、元々は彼らが生み出したのですよ。私達の系譜にも、彼らの血が流れているのです。ティワクはこれまでも、これからも、私達にとっての神聖な古代神殿なのです。今そこに誰が住んでいようとも。そこにはじめに定住したのは、地球人のためにここへやって来た星天存在たちです。多くの知識が彼らによってもたらされました。農業、宇宙学、機織り、テレパシーによる交信法、金属と結晶についての聖なる知識、薬草学、てこの原理など、数えきれないほどの知識が人類へともたらされました。地球人にとって有益な知識もたくさんあったのですよ」

ソラナは興味津々に聞き入っていましたが、ここで一つ質問を投げかけました。「最初にティワクに来た彼らは、その後どうなったの？」

「地球上での、彼らの仕事は完了したのだ」太陽の父が答えました。「任務を終えた彼らは、この惑星を出発し、彼らの起源へと還っていったのだよ」

「ただ一人を除いて……」アカ・カパックの深い声が響きます。「魔法使いのムー・ラは、地球の磁界の密度と接触することで、エネルギーが酷く汚染されてしまったことが原因となり、他の者たちと共に帰還することが許されなくなったのだ」

「解ってちょうだい、ソラナ」次いで、月の母が話します。

「ムー・ラという女性はね、多数の地球人の男性たちと接触したことによって、そのオーラ膜に進入されてしまったのです。地球人が持つエネルギーは星天存在である彼女のそれと比べて、低い振動周波数を持ちます。よって、彼女のエネルギーも低くなり、本来の清純さや抑制が無くなっていき、終には高次元のエネルギーを、純粋性を保ったままで使うこともできなくなりました。ムー・ラはもう、正しくエネルギーを使うことができません。その強力な力は、魔術や操作などの低次元な技を通して発露されることになってしまったのです」

「今も彼女のエネルギーが歪み続けている原因となっているのだ」アカ・カパックが月の母の説明を補足します。

「なんでムー・ラだけが？　他の者たちは何も無かったの？」ソラナは気になった点について訊きました。

月の母は説明します。「星天存在の男性にとっては、彼らの星の種〈スター・シード〉を地球人の女性に植える時には、特に支障はありません。ですが、星天存在の女性にとっては、話が別です。地球人の男性と性的な交わりを持つ場面で、彼女たちは自身のエネルギー場が侵害される危険性に気づきました。星天女性たちが身を引くことを選択した中、ムー・ラだけは違っていました。掟を破り、複数の地球人との間に、子供をもうけたのです。このことは、彼女の次元両極性に甚大な被害をもたらすことに繋がったのです」

(ムー・ラの子供たちについての奇妙なお話は非常に興味深いものですが、また別の機会にお話しできたらと思います。)

「僕には、解らないよ」ソラナが母の話に割り込みます。

「ANがそのことに気付いていたのなら、なぜ彼女を助けてやらなかったんだい?」

「何故ならば、ソラナよ」太陽の父が静かなる威厳をもって、その質問に答えました。

「ANとティワクの間には古より続く協定があるのだ。お互いの国境内における、いかなる出来事に対して不干渉を貫くという決まりだ。ムー・ラのことも、我々の国境外で起きた出来事である以上、何も介入はできないのだ。ティワクには、今では負のエネルギーが集中してしまい、真に遺憾ではあるのだが……」

「ごめんなさい、こんな質問をしてしまって」ソラナが謝ります。

「無礼を謝らせてください。僕はただ、アルタザールのことがとても気掛かりで。彼を置いてきてしまったことを、すごく悔やんでいるんだ……」

月の母は慈悲の眼差しを息子に向けました。「あなたの気持ちはよく分かりますよ、愛しい子。あなたの心配を和らげるためにも、あなたにできることが一つあります。ここより丸一晩かけて歩いていった先に、一人の仙女が住んでいる場所があります。彼女は隠者であり、全てを視通す者として知られています。余所者を拒むところがありますが、恐らく、あなたに会えばすべてを理解するでしょう。アルタザールの運命についても、話してくれるはずです。ただし、道は険しいです。目的地まで辿り着いた者は、過去に数人といませんでした。それから、隠者はできるだけ静寂に浸っていることを好みます。彼女が目を開く時、訪問者のアカシック年代記から読み取られた何もかもが、一瞬のうちに彼女に流れ込むからです」

「月が満ちる晩まで、ここに留まっていくといい。その道は、その晩にしか現れないのだからな」太陽の父が提案をします。

「ソラナよ、それまでは親子水入らずで、お前の話を聞きたいと思っているぞ」

＊　＊　＊　＊　＊

こうしてラパンヌイ島の司祭ソラナは、ついに秘境AN王国にその足を踏み入れたのでした。そこで歓迎を受けるうちに、追い求めてきたその地が自分の本当の故郷〈ホーム〉であったことを知ります。彼にとってそれは、それまで感じたことの無いほどの平穏に満たされた瞬間でした。

滞在の間、ソラナはこの世界の多くの秘密を知ることになりました。多くの秘儀も継承されていきました。

太陽の神殿、月の神殿、それから明けの明星（Chas'ka Collya）神殿、更には虹の神殿、雷神イラーパの神殿でそれぞれのイニシエーションを受けていきました。

それぞれの神殿に足を踏み入れる度に、彼の奥底にある智慧が目覚めていきました。彼は人間としても、「神」としても、完全な成熟に至ったのでした。

時が過ぎ、満月の夜になるまで、ソラナは一人旅に出る晩が来るのを待ち続けました。隠者である彼女に会うために。

ソラナがやってきます。彼を出迎える準備を、このときの私は進めていました。

第20章　結晶山の隠者ツインソウル〈ソラナとソルナ〉

山の頂の上を、月が昇ります。月下にある全てが、優しく明るい光で照らされています。満月の夜でした。ソラナにとって、それは全てを視通すという隠者に会うための冒険の旅に出る時が来たということを告げるものでした。

ＡＮ王国北東部までは、アカ・カパックが同伴してくれました。なにしろ、その道は長年の間使用された形跡が無く、今にも消え入りそうな有様だったのです。アカ・カパックの案内が無ければ見落としていたことでしょう。

山道を登っていくと、ある峠道のてっ辺まで辿り着きました。目印のように、そこには積み石がありました。この積み石は、アパチェタ・ワカと呼ばれているようです。これは、山の精霊であるアプを祀る祭壇なのです。アカ・カパックはソラナに説明をすると、ＡＮから持ってきた石を慎重にその上に乗せて、山の精霊へと捧げました。

ソラナは谷底を見つめていました。そこにはピラミッドらしき影が見えます。これはアナニのピラミッドでした。夜の霧に埋もれて、月光が銀色に反射しています。ソラナはまたも、懐かしいような既視感に襲われました。

「僕はここを知っている。何度も観たことがあるんだ。多分、夢の中で」困惑しながらも、アカ・カパックに伝えました。

アカ・カパックは来た道を引き返す支度をしていました。「これより先が、出発点となる。幽玄なる道は、普通の者には観えぬのだ。内なる目をもってしか、その道を捉えることはできないのである」

「幽玄の小道は、白く光り輝く石によってその輪郭が描かれる。その石が顕れるのも、月〈かのじょ〉が満ちている間だけ。恐れずに、石の流れに従って進むのだ。其方を導いてくれるだろう。道は、向こう側の崖に続いていたり、何もないように見えるところに続いていたりすることもあるだろう。それでも、其方の真なる目を信じれば、道は必ず見つかる。朝日が差す時には、もう目的地に辿り着いている頃だろう……検討を祈る。親愛なる我が兄弟よ」

アカ・カパックは両手をソラナへと向け、かしこまって礼をしました。ソラナもそれを同様に返します。

「ねえ、アカ・カパック。ANへは、どうやって戻ればいいのかな？」

「隠者が其方に帰り道を示してくれるだろう」笑顔でそう云うと、彼は手を振って戻っていきました。

ソラナはもう一度、アナニのピラミッドの方を見ました。すべては霧の中に隠れてしまいましたが、ピラミッドの頂上だけが霧の上に出ていました。『すごい景色だなぁ』

ソラナは思いました。『まるで、すべては夢だったかのように、消えていくんだね……』

アパチェタ＝ワカの上には、白い貝殻を置きました。ラパンヌイ島からのお土産です。そして、その先に進むことにしました。道標の白い石を探そうと辺りを見渡しても、それらしきものはどこにも見当たりません。

ソラナは困惑し、少し残念に感じました。

どうしようもなかったので、一旦その場に座ることにしました。マゼンタ色のポンチョで体を包んで、自分の内側深く入っていきました。彼がそこで視たのは、一元性の大海に浮かんでいる自分自身でした。

ゆっくりと眼を開けると、目の前には白く輝く石が小道の形を作っている光景がありました。

不思議な夜の小道を、彼は進んでいきました。途中、いくつか嘘の道が仕掛けてられていましたが、ソラナは騙されませんでした。内なる視覚が、彼の進むべき真実の道をはっきりと明確に示してくれたのです。彼の心には疑念の欠片《かけら》もありません。夜明けを待たずに、ひたすら真実の道を突き進んでいきます。

そして、白い石で縁取られた、小さな泉が見えてきました。この上ないほどの透明さの湧き水です。その近くの石碑には、次のような伝言が彫られていました。

「ここは旅人たちが自身を癒し、夜明けを待つための場所」

石で出来たベンチと、ヒョウタンでできた柄杓が置いてありました。ソラナはそれを使って、少しの水を掬って、飲みました。

「あ、冷たい。けど美味しい！」旅の疲れが洗い流されていくような気分でした。

もうすぐ夜が明けます。自然は一日の始まりの準備を始めます。小鳥のさえずりが聴こえ始めます。動物たち、植物たちが活動し始めます。

空気が、太陽の到来を待ちわびているようです。自然が囁いていました。

『もうすぐだね。命と光の一日が、今始まろうとしているんだ！』

空が白み、夜が降りようとしています。この夜の最終地点に、ソラナは佇んでいました。丘の上に沿って、光の道が創られ、朝日の栄光が現れました。暖かな生命の光を振りまきながら、万物を平等に照らします。（太陽は何者をも差別しません。全てを照らすのですから。）

ソラナの前にあった山の脇に、素朴な造りの石小屋があるのに気づきました。小屋の近くには、小川が踊るように流れていました。よく見ると様々な種類の木々が生え、沢山の花が咲いている。ではありませんか！　賑やかな小鳥たちの歌も聴こえてきます。優雅な姿の鹿たちが、頭をもたげて小川の水を飲んでいます。ソラナに気づくと、これは珍しいお客さんだと言いたげに、興味深そうに見つめてきました。

「わあ、綺麗だなぁ！　住むには最高の場所だ！」ソラナは大喜びで言いました。

「それにしても、女性一人で住むには、集落からは離れすぎているような。きっと隠者さんは、相当な変わり者なんだろう」

この時の彼は、そこに何が待ち受けているのかを知る由も無かったのです。旅の間、隠者がどんな女性なのかずっとあれこれ想像していました。皺だらけのお婆さんが出てくるか、若い乙女が出てくるのか、いずれにしても実際に会うことになるだろうから、ＡＮでは詳しく聞かないでおいたのです。

日が昇ってきたので、その小屋が丸型で、上の方に塔の形をした部屋が付いているのが見えてきました。塔の部屋は、八つの側面がありました。入口の扉の横には、小さな金色の鈴がかけられていました。はやる気持ちを抑えながら、鈴をゆっくりと鳴らしてみました。綺麗な音色が響き渡ります。

すると、扉はゆっくりと開き始めたのです。

扉の中からは緑色の瞳が、扉の外の緑色の瞳を見つめていました。

瞳の持ち主である二人は、驚くほど容姿が似ていました。

ソラナは、鏡でも置いてあるのかと錯覚し、一瞬混乱します。「これは……僕？　これも何か仕掛けがあるのか？」目の前の緑色の瞳は、彼の緑色の瞳を見入っていました。吸い込まれるような感じ。二人とも、双方の内側へと沈んでいくような感覚でした。

宇宙の底なしの泉の深みへと、渦を描きながら、踊りながら、深く、深くへと。一なるものへと溶け合うまで。

ソラナは麻痺してしまったかのように、微動だにしませんでした。個人としての彼へと意識を戻そうと、しばらくの間もがいてから、やっとのことで戻ってきました。

「あ……ぼ、僕は……ソラナです」

口ごもってしまいました。こんなに動揺していたのは生まれて初めてのことで、自分自身に驚きを隠せません。

「ソルナよ」彼女は微笑んで、自己紹介をしました。

「あ、いや、僕はソラナ」しっかりと名前を伝えようと、自分を指さして言いました。

「私は、ソルナよ」彼女は同じ言葉を繰り返します。

「なんで僕と同じことを言うんだい？　僕はソラナだよ」

「解からないのね。私の名は、ソルナよ」

「僕がソラナで、君がソルナだって？　紛らわしいな！」彼は困惑した様子で言います。

彼女は微笑みながら、答えます。「簡単なことよ。あなたはソラナで、わたしはソルナ。これで私達の間の繋がりが、見えないかしら？」

「私達はツインなの。同じ星の種〈スター・シード〉から別たれた双子なのよ」

「で、でも……君に出会ったのは、初めてだ」ソラナは困惑しつつ、反論しようとしました。

「違う……そうじゃない。君のことは、僕自身のことであるように、よく知っているんだ。同じ体を持っていないってだけで……こんなことが、あり得るのか？」

彼女は、彼の唇に指で軽く触れて、言いました。「積もる話は後にしましょ。話したい事だらけなのだから。再発見をしていくことは、時間がかかるもの。中へいらっしゃい、隠者があなたを待っているのよ」

ソルナは小さな家の中へと彼を招き入れました。部屋の中には虹色に光る光の粒が舞っていました。天井から差し込んだ光が、同じく天井に埋め込まれた数々の水晶を通って、そのような光のダンスを部屋の中に投射しているようです。

部屋の片隅には、低い椅子に腰かけた白装束の女性がいました。彼女からは強烈な白色光が発せられていて、部屋全体を照らしているようでした。

ソラナは興味深げにまじまじとその女性を見つめますが、どうも輪郭がはっきりと見えてきません。その女性の姿は、常に変化し続けているように見えました。時間を超越していたのです。故に、どのような年齢の姿にも見えませんでした。言うなれば、全女性を一人の存在として表した姿であったと言えましょう。彼女の意識は、次元間をまたいで、時間と空間の海を渡っているのかもしれません。だからこそ、全ての思考を知り、全ての感情を感じ、この惑星に住む全てを視ることができるのでしょう。隠者は、ソラナがこれまでに会った誰よりも、限界がありませんでした。

奥底まで見抜かれた後、隠者はソラナに語り始めました。

「神秘の場にようこそお越しいただきました。私が、貴方が探し求めていた、結晶山の隠者です。

困難をくぐり抜けて、よくここまで辿り着きましたね、ソラナ。貴方の到来に、ANの者たちはとても喜んでいますよ。ラパンヌイ島より来たる司祭よ、貴方の至高の目的への献身を私からも讃えさせてください」挨拶を終えた隠者は、ソラナとソルナに椅子に腰かけるように指示しました。

ソラナは最敬礼をしてから、彼女の前の床に伏しました。ソルナも彼の横に並んで座ります。その瞬間、ソラナは自分が二人の身体に同時に存在しているような、不思議な感覚を覚えました。二人とも隠者の方を見て、話を聞きました。

「貴方がこの遠く離れた地まで旅をしてきた理由は、二つありますね。一つは、貴方がとても知りたがっている、アーナヘム島のいと高き王アルタザールの運命について。そうですね？」

ソラナはその問いに深く頷きます。

隠者は話を続けます。「二つ目の理由。貴方はまだ気づかれていませんが、貴方の隣に座っている女性のことです。彼女は、常に貴方と共にありました。それを思い出せなかったというだけです」

「まずは貴方のお友達、アルタザールについてお話ししましょう。貴方は、彼の為にとてもよく尽くしてくれました。彼にかけられた魔法は既に解かれています。ティワクの女性ムー・ラは、もう地球上には生きていません。アルタザールの手により、彼女の命は断たれました。貴方に向けられたその短剣が、彼女の命を断つことになったのです。そして彼女は元の場所の、元の人々の下へ還っていきました。そこにしばらくの間、留まっていることになるでしょう」

隠者は更に話を続けます。「アルタザールは私達全員にとって、現在行方不明の状態にあります。歴史から姿を消す周期の中に、彼はその身を投じたのです。この惑星に転生する周期を停止したという意味ではありません。彼は貢献の道を歩み続け、よく観て、学ぶことになるでしょう。彼のことは注意深く見守っています。彼が選んだ運命という台本に、堕ちると書かれていたから堕ちた。それだけのことです。ですが、彼が選んだこの道も、至高の目的の範疇だということも付け足させていただきましょう」

「不死鳥〈フェニックス〉のように。彼の永い追憶と赦しの旅が始まります。彼が赦さなければならないのは、彼自身です。貴方と彼が再び会うべきかどうかは、まだ未決定事項なのです。それでも、いつかは再会できるでしょう。貴方を傷つけようとした彼が、彼自身を赦すことができる機会が今後あるとすれば、それは貴方と再会するその瞬間にたった一度だけ現れます。彼が彼自身を赦すことができるその機を逃せば、再び時間の彼方を彷徨うことになるでしょう。自分自身を赦し、自分から記憶を目覚めさせることができたのなら、この結晶山を訪れる日がやってくるでしょう。そして、彼は最後の治癒の仕上げを受け取ることになるのです。彼は今、至高の目的を達成しようと頑張っているのですよ」

「彼のように、地球外から高度に発達した魂がやって来ていて、自ら堕天にも思える経験をしているのです。堕天に見える行為は、必ず昇天という結果があるのです。昇天すると、全ての個人的因果律〈カルマ〉は変容を遂げるだけでなく、彼らが惑星上にもたらした因果も、全て浄化されることになります。アルタザールたちは全人類のためにこの重大任務を遂行することを、自ら選択したのです。現在、彼らは堕天の周期にあるため、この道を選んだ理由を思い出せなくなってしまっています。思い出すことさえできれば、それ以上に楽なことはありません。ですから、ソラナ。アルタザールのことはもう心配しなくてもよろしいのですよ。無条件の愛と赦しで、自分から彼を手放してください」

隠者は一旦話を区切って、しばし静寂へと入りました。

しばらくして、彼女は話を再開しました。

「ソラナ、そしてソルナ……あなた方はお互いにとても似ていて、さぞ驚かれたでしょう？　お互いを見つけ出せたことは、幸運なことです。あなた方は双子の魂〈ツイン・ソウル〉として知られている対存在です。この次元の時空間において、お互いに再接続をすることができました。もう分離感は無くなります。たとえ大陸があなた方二人を別とうとも」隠者の美しい微笑みは、部屋全体を照らす太陽光のようでした。「二人きりで、4日4夜をお過ごしなさい」

「その後は、ソラナ。貴方はANを発ち、アトランティスへの旅を完遂しなければなりませんね。その地に、貴方がやらなければならないことがあるのです。ソルナは私の見習いとして、この場に留まっていなければなりません。アトランティスの文明は発達しましたが、そろそろ『完成の時』が近づいています。貴方は其処にいなければなりません。アトランティスの後は、貴方はとある新天地に送られることになります。そこはAN直系の光と、アトランティスの生き残りから厳選された者のために指定された場所の一つです。ソラナ、貴方はそこで自分の運命を知ることになります。貴方の目的が、そこで完成することでしょう」

「私が貴方に会うのは、次の周期が終わる頃になるでしょう。私は、貴方が予定通りここを訪れてくれたことを嬉しく思います。これより、ソルナには森の中にある彼女の小屋まで貴方の案内をしていただきます。隠者は静寂の中へと戻る時間です」

「最後に、貴方への伝言です。はじめは、星天がありました。そこから、天使が生まれました。そして彼らは人間になりました。この過程を、逆にする時が来たのです。貴方のその黄金の翼を、どうか忘れないで！」

ソラナは涙を流し、深く彼女に敬礼しました。「隠者よ、お話を聞かせていただき、また明確な展望をお見せいただき、感謝に堪えません！　僕と貴女の、運命が再び交差する時を楽しみにしています！」

ソルナはソラナの腕を取り、戸口へと連れていきました。朝日に燦燦と照らされる中、二人は歩き出したのでした。

第21章　双子の魂の合体、ANの真理は〈2＋2＝44〉

女性のソルナは、男性のソラナを連れて、森奥深くにある自宅に向かって歩き続けます。彼女の家も、石で出来た丸型の建物でした。中は、ソラナのものと同じようなマゼンタ色のポンチョが置いてある寝床と、料理用にも使う暖炉だけがある質素な部屋でした。

「どうぞ入って、ソラナ。とりあえず座って休んでいて。その間になにか食事を用意するわ」彼女は優しくそう言ってくれました。

彼は物欲しそうな目で、彼女に釘付けになっていました。「僕……君をただ見ていたいんだ。見て、触れて、君を抱きしめたいんだ」新しい感覚が内側で芽生え、身体を震わせていました。

「食事なんて今はいいよ。ソルナ、君が欲しいんだ。ずっと感じていたこの渇きを潤してくれるのが、君なんだ。それが今、やっと解ったよ」

「私も同じよ、ソラナ。あなたがいつか、私に会いに来てくれると伝えられたその時から。こんなにもあなたを愛していたのだと、やっと今解ったの。胸の奥底にあった洞窟が、何千年もの時を経て、今やっと開いたような感覚だわ。隠されてきた神聖な洞窟に、新鮮な空気が入り込んでくる。くらくらしちゃう」荒い息遣いで気持ちを伝えます。

「でも、まずは食べてからにしましょう。座って、楽にしていてね」彼女は微笑みました。彼女だけの、暖かで力強く、利発な色の光がありました。

「わかったよ！　大人しく座って、待っていようじゃないか。でもね、僕の視線は愛しい君から一瞬たりとも離れることは無いと、誓わせてもらうよ」

彼女が台所で料理をしている間、彼の言った通り視線を一身に受けているのを感じていました。内側で感じているこの浮遊感は何なのか、不思議に思いながら。

出来上がった食事を、二人並んで平らげます。食事を終えると、彼女が言いました。「さ、川でお皿を洗ってくるわ。戻るまで、横になって休んでても良いからね」彼が引き留めようとすると、彼女は自分の指にキスをしてから、その指で優しく彼の唇に触れました。

「大丈夫よ。あなたは休まないといけないんだから。すぐ戻ってくるわね」

彼は大人しく従いました。落ち着くと、自分がすごく疲れていたことを思い出しました。なにしろ昨晩は一睡もしていなかったのですから。彼女の寝床の上で横になって、自分のマゼンタ色のポンチョをかけて、すぐ眠りについてしまいました。

起きると、すでに夕暮れ時になっていました。窓の外では日陰が大きく伸びています。隣にはソルナがスースーと寝息を立てて眠っていました。そっと自分のポンチョを彼女にかけて、彼女を間近で観られる特等席で横になりました。

彼の中に、彼女のエッセンスを入れ込んで、二人溶け合って、もう分離とは何かが解らなくなるくらい繋がっていたいと思いました。彼女となら、一元性の神秘が解き明かされると確信していました。

彼女が目を覚ましました。ソラナは両腕の中に彼女を抱き寄せて、そのままじっとしていました。こんなに完璧な、平和な一体感がこの世に存在するなんて。そしてそれが、自分以外の人から得られるということを、とても驚きながらも実感したのでした。

ソラナは彼女の額にそっと口づけをします。眼をゆっくり開けたソルナも、不思議そうな表情でソラナを見つめます。その顔に手を添えて、ソラナは彼女の唇にキスをしました。静かな時間が流れる中、男女は恍惚したまま、ツインソウルの泉の深みに沈んでいきました。

しばらくして、ソラナが呟きました。「本当に、愛しているよ。ソルナ」

ソルナもうっとりしながら答えます。「うん、解るわ。私も愛しているわ。ソラナ」

「双子の魂のこと、教えてくれないか？」彼はまだそれを熟知していないため、ソルナに質問をしました。

「もちろんよ、愛しい人……原初の時、そこには大いなる一元性だけがあったの。その絶対者から、かけらが離れて、そこに魂が与えられたの。そして、魂は自身を密度の中に具現化するために送られていったのね。『形がある』という制限を経験した魂は、自身を進化させて、原初の一元性と意識を結合することを決めたの。意識という言葉が使われていることに注目すべきね。何故なら、原初の一元性の世界では、知られている現実が一つしかないのだから。真の合一を意識するには、まず分離の幻を経験する必要があったのよ」

「別たれた魂たちは、更に自分自身を二つ以上に別れていったの。魂の欠片たちは、それぞれが置かれた枠組みの中で完結しなければいけなくなってしまったのね。でも、それができた時、欠片たちは初めて、同じ種から生まれた同じ本質を持つ人達と結合することができるようになるのよ」

「隠者は言ったわ。私達一人一人の中には、実は二人いるんだって。一人一人の内側には、太陽と月、男性と女性がいて、お互いが結合し、調和しながら生きているの。それこそがANの真の教えじゃないかしら。つまり、太陽と月が神聖な合体をするということ。真逆の性質を持つ二極の、タントラ的な融合。４方向を一つへと調和させること。つまり、ANは二元性の世界を超えた意識状態を表しているということね。コインの裏表に集中するのではなくて、コインそのものに集中するということよ」

ソラナは更に話を続けます。「きっと、あなたと私は、それぞれが個人として完成しているんだわ。だから、今度はお互いに重なって、一体になるの。隠者は、2＋2＝44だと言っていたわ。これはつまり、自身を完成させた二人が合わさると、未完成の二人よりも大きな合計数になるということね。存在する次元の音階〈オクターヴ〉が44という親振動数〈マスター・バイブレーション・ナンバー〉に移行するのよ。多段階の表現法において、全ての正反対の物事を完全調和させることができる数字が44ということ。しかも、ナンバー44の色はマゼンタ色だから、私達は二人ともこの色のポンチョを持っているのね。44はANの一番神聖な数字でもあるの」一呼吸つきながら、ソラナが話についてこられているか確かめました。

彼は良い意味で驚いた顔をしています。「すごい話だね。覚えないといけないことも多いけれど。でも、これは教えて欲しいんだけど、二人が合体した後には、更に他の人達とも合体していくことになるの？」

「ええ、そうよ。だって、元々はみんな一なるものから生まれたのだから。みんなの中に、至高の一なるものの本質が含まれているのよ。例えば私達二人は、それに至るまでの第一段階ということね。でも、それは本当に素晴らしいことだわ。私達が一人の真の愛の存在になるなんて。これまで一人ではできなかった至高の目的も、一緒にできるようになるのだから。それに一度合一化ができれば、もう離れることは無くなるの。次にあるのは、更なる合一化だけ。だから、ソラナとソルナで、一人として数えるようになるの。私達は個人として、お互いほどの相手はいないのよ。いつか全世界が完全に再結合する時が来れば、その時には私達という一人が、他の合体相手を見つけることになるのでしょうね」

ソルナは少し心配そうに言いました。「いきなり話すには、壮大過ぎたかもしれないわね。でも、実は単純な話なのよ。ただ、二元性の考え方では、理解ができないだけ。私達が住むこの世界は二元論の直線的なものじゃなくて、実はいくつもの次元が重なり合ってできているの。多次元宇宙というのは、時空間の枠組みの中だけに限定されるものでは無いわ。この惑星上では、私達はその枠組みの中だけで生活していると思っているけど、本当はそうじゃないの。私達は本来、多重系統を持っているし、いつでも無限の選択肢が与えられているし、無数の平行次元における無数の人生を同時に経験しているのよ。この時空間に限定された意識だと、とても想像がつかないほど壮大な世界が、実は本来私達が住んでいる世界なのよ」

ソラナはこの新しい知識を自身の内的な知識に組み込んでいきました。「新しいことをいっぱい覚えられて、世界観が大きく広がった気がするよ。それにしても、よく知っているんだね。君はすごいよ」

「え、そんなことないわ。ソラナ」少し照れているようです。

「お互いに、よく知っているのが異なっているだけよ。それぞれの長所が、お互いにとっての贈り物になるの。あなたから教えてもらうことも、私にはいっぱいあるはずよ。そうやって共有していくことで、お互いにとっての喜びと、癒しがもたらされるの」ソルナは、愛おしそうに目の前の男性を見つめてから、彼の唇にキスをしました。

それは長く、深い愛のキスでした……

二人を別つ壁が、全て取り払われていくような感じがしました。ソラナは美しい純白の蓮の花が咲いていくのを心の目で見ていました。

「ソラナ……私ね、あなたをずっと、ずーっと待っていたのよ」ソルナは涙を流していました。

「本当に、寂しくて死んじゃうかと思ったこともあったの。なによりも夢見てきた瞬間に、私はいる。だって、来てくれないかと思って絶望したこともあったんだから。あなたが、本当に存在しているのか疑問に思った時だってあったのよ。自分は馬鹿なことをしているんじゃないかと思ったりもして。でも、日常の世界になんて興味は無かったの。普通の人たちなんて、幼稚で、愚かで、まるで動物みたいに生きのびることしか考えてないじゃない。終わりの無い悲しみの繰り返しを相手に、何も考えずに苦闘し続けている生活なんて、そんなのもう嫌なのよ。だから私は隠者に会いに来たの。隠者に会ってからは、ずっとそこで暮らしていたわ。人気のないこの山々で、自然の流れの中に喜びを見出していたの。ここでは複雑なことなんて、ちっとも無いわ。静寂があるの。独りでいることを愛することを学んで、そこにようやく平和を見つけ出すことができたわ。前の世界の人間ドラマだとか、要らないお喋りなんて、今ではもう懐かしいわ。私がずっと会いたかったのは、あなただけ。あなただけが、私の外面を調和して、完成させてくれるのよ」ソラナを見つめるその大きな緑色の瞳が、涙で潤みました。

「ソルナ……僕の心の女性。僕の魂の女性……」彼が小声で囁きます。「もう大丈夫だよ。さあ、おいで」

＊　＊　＊　＊　＊

ソルナとソラナが共に過ごすことを許された4日4夜は、このように過ぎていきました。お互いが、お互いに全てを委ねていき、完全に一人の存在となる体験をしたのです。再接続、再調整を重ねて、二人は一元性になりました。

森の中で手と手を取って踊り、遊び、笑い、はしゃぎました。お互いを飲み、味わい、もうあの渇きはありません。かつて独りの時に流した涙や苦悩は、二人の愛の滝によってすっかり流されていったのです。

4日4夜を通して、二人の絆は深まっていきました。

別々の身体に生きながらも、二人は一人として生まれ変わったのでした。

第22章　アカマ（アルタザール）、遠く彼方から来たりし者

　アルタザールは泥だらけで土の上に伏していました。絶え間なく降り続ける雨で、身体の感覚も鈍っていきます。脳は悪夢に蝕まれていきます。歪んだ情景が、何度も何度も目の裏に再生されます。腕の中に抱いたディアンドラが、彼の顔を撫でながら愛の言葉を囁いてくれた甘いひと時を思い出します。ですが、彼女の顔は耐え難い苦痛の表情に変わり、どこかに消えていってしまうのです。代わりに出てきたムー・ラが、闇の呪文を囁き、アルタザールの魂を束縛します。最悪なのは、親友のソラナと対立している悪夢です。

「親友を自分の手で殺そうとしただなんて、私はそこまで堕ちたというのか？」アルタザールは悲観に暮れて泣き叫びました。滝のように降る雨の中に、彼の涙は混ざって流れていきました。

「死にたい。こんな惨めで、なにもかも失くして、償いきれないほどの罪を負って。生きている価値が無い」

彼の頭には、人生の破滅、魂の破滅、神聖な目的の破滅の文字しかありませんでした。絶対に許されない大失敗を犯してしまったと感じていたのです。

嵐は次第に強くなっていき、風もごうごうと音を立てて吹き荒《すさ》びます。いと高き王の人生は地に臥《ふ》したまま、彼は深い眠りにつく以外にありませんでした。眠ることでしか、全てを手放すことは叶わなかったのですから。

しかし、ああ、哀れなアルタザールよ。彼には、忘却の海に長らく平和に浮かんでいることすらできなかったのです。（人生というものは、かくも厳しいものですね。何度も繰り返す試練の時。果たして全てが完成するその時までに、猶予期間などは在り得るのでしょうか？）トンネルの先に観えた、明るい光によってすぐにこちら側に呼び戻されてしまったのです。何度も逃げようとしても、すぐに呼び戻されてしまいます。この次元に存在しているという認識が、すぐに戻ってきてしまいます。

どうやら、世界は彼を放っといてはくれないようでした……

＊　＊　＊　＊　＊

アルタザールはまず、暗黒の夜の時にあった魂の奥底から、ある音が聴こえてくるのを感じました。特別なことはない、いつも聴こえてくる、ありふれた自然な音です。

朝の鶏の鳴き声でした。

それから赤ん坊の泣き声も。

それに続いて、赤ん坊をあやす母親らしき声も聴こえてきます。

「まだ私は生きているのか……」絶望の淵に立たされながら、彼は思います。

無理やり眼を開けると、そこには一人の女性が愛おしそうにこちらを見つめているのが見えました。若い、ほとんど少女といえる年齢に思えました。純粋で、利口そうな顔立ちをしています。日光に当たった黒髪は、藍色に染まっていました。

アルタザールは、自分の身体の異変に気づきました。何かが、いつもと違う。
手を動かして、自分の目で見てみると、あまりの不可思議さに愕然としました。体全体が驚きで震えました。なんと、彼の手は、新生児ほどの大きさになっていたのです！

アルタザールは混乱して、泣き始めました。その声は、大の男のものではありません。甲高い幼児の声でした。女性は彼を揺り動かしてから、彼の口に片方の胸を差し出しました。突然泣き止んで、おっぱいを飲み始めた自分自身に、アルタザールはこれまた驚きました。暖かな乳を飲み、彼に平穏が訪れました。満足した彼はゆっくりと、眠りについたのです。

目が覚めると、身体は布に包まれたままで、またあの女性にぴったりくっついているのが見えました。暖かさと、安心を感じました。母親は、ハンモックの上に寝そべっているようで、二人でそれに揺られています。周囲には猿がいるようで、けたたましい鳴き声が聴こえてきました。それから、オウムもたまに鳴いていました。『森林のなかにでもいるのかな』と、彼は思いました。

どこからともなく、歌が聴こえてきます。知らない言語で、低い詠唱音です。急に悲しみの感情が彼に押し寄せてきました。『ここにいたくない』『おもいだしたくない』アルタザールは、もう一度泣き始めました。女性は先程と同じように、彼を揺り動かしてあやしながら、胸を差し出してくれました。そうしたら、彼はまた安心と愛を感じたのでした。

「この人生なら、つらくないかもしれない。彼らのたすけになれるかもしれない」小さな手を出して、小さな口で頑張って乳を飲みました。

こうして、アルタザールはどこかの山林の中で育てられることになりました。彼が属していたその部族は、未開の地であったその場所にどこからか移住してきたようで、そこで狩りをして、皆で分け合い、共同生活をしていたのです。彼らの言葉も覚えました。たくさんいる兄弟姉妹と一緒に遊びました。狩りの仕方は、父親から教えてもらいました。

けれど、彼は他の人達とはどこか違っていたのです。彼らは自分の実の両親、実の家族、実の部族、それは本当のことなのですが、心の奥底では、自分がここではないどこか遠くの、別の場所から来たということをうっすらと覚えていたのです。ですが、それがどこだったのかはもうすっかり忘れてしまって、思い出すことができません。他の人達も、彼が違っているのをなんとなく知っていたようです。だから彼はアカマ〔ACAMA〕、『遠く彼方から来たりし者』という意味の名を授かったのです。

アカマ（アルタザール）は大人の男性に成長しました。彼は次第に、部族の生活の質を向上させるための方法を編み出し始めました。これまでに部族の中の誰も考えつかなかったような方法や知識を、彼は考えついていったのです。

最初は、魚釣りのやり方でした。みんながやっていたよりもずっと簡単で、ずっと効率的に魚を釣れる道具を作って、みんなに紹介していったのです。もっとすごかったのは、新しい耕作法や農作用の道具の発明でした。これは部族全員の生活に革新をもたらしました。みんながアカマの天賦の才能に気づき始め、彼に感謝をしました。

けれど彼は、一貫して皆から礼など言わないで欲しいという謙遜した態度を取っていたのです。彼はまだ、みんなに対して支払いきれないぐらいの負債を自分は背負っているのだと感じていたのです。みんなは彼のその謙虚過ぎる姿勢が理解できませんでしたが、彼への敬意を見せるためにも、贈り物をすることはもうやめることにしたのでした。

ある時、部族の女性達が彼に感謝するために、ご馳走を振る舞ってあげることにしました。しかし、ここでも彼は気持ちだけ嬉しく受け取ってから、本当に食べ物を必要としていた人にご馳走を持って行ってしまったのです。彼は普段から非常に小食でした。毎日、質素なお粥を一杯ぐらいと、たまに大収穫があった時だけ、果物や魚を少量だけ口にする程度でした。

アカマが成人の儀式を終えてから長い年月が経ち、彼がまだ誰とも結婚しないのを見て、部族の中にも懸念が生じ始めていました。

若い女性達の毎日の噂話には、この話題がつきものでした。もちろん、彼に選ばれたいと願う女性ばかりでした。家までついていって誘惑しようとする大胆な女性もいましたが、アルタザールは決して誘いに乗ることはありませんでした。

ですが我慢の限界が来てしまったようで、ある日彼は母親に頼み込んで、女性達に自分は結婚する気はないことを説明してもらったのです。「何故か分からないけど、僕は独身で生きなきゃいけない気がするのだ。だから、あの若い女の子たちには、他をあたってくれるように伝えておくれよ」といった具合に母親に懇願したのでした。

流石の母親も、彼が言っていることを理解できませんでした。ですが、彼には不思議なところがあることは知っていましたし、したがって彼を他の人と同じように考えてはいけないのだと理解しました。それにしても、それほどまでに彼は部族の人々にとって有益な人材だったということです。彼の奇妙な振舞いに対して、敬意の示し方を学んでいくことも彼らにとっては必要だったのです。

アルタザール（アカマ）は真摯に部族の生活向上に献身しつづけました。そして、何も見返りを得ようとはしませんでした。いつも独りで、持ち物といえば昔から使い続けていた古びたハンモックくらいでした。他の人なら、すでに腰巻きの布として再利用したり、使い捨てていたりするでしょうが、彼にとってはそれがとても大事なものだったようです。

それから何年も経ち、ある時、部族の酋長が病気に罹ってしまいました。部族の者たちは皆、それが不治の病であることと、彼の残りの命が長くはもたないということを知っていました。ということは当然、次の酋長が選ばれる必要があります。

部族の代表団がアルタザール（アカマ）に接触し、次の酋長になってほしいと懇願しました。

それに対し、彼はとても怒って、その嘆願を拒絶しました。彼が怒りの感情を示したのは初めてのことで、それを見た代表団は衝撃を受けました。顔を横に振って嘆き、困惑しながらお互いに耳打ちする者もいました。

なぜこの男は、こんなにも才覚を発揮して人々の役に立ってきたにも関わらず、栄誉ある職務に就こうとしないのか。しかも、誰もがうらやむような時なのに、初めて怒りを見せるときたものですから！

誰も、そんな彼のことを理解できなかったのです。仕方なしとばかりに、次の酋長にはアカマの弟が選ばれました。選び方の基準として、アカマと同じ血族という概念が優先事項だったのです。とりあえず、実の弟ならば優秀な彼と同じ血を分けた者なのだから、期待できると思っていたのです。

こうして彼は、ジャングルの部族の一員として、何事も無く人生をやり過ごすことができたのです。順調に年老いていき、その年齢の者としては珍しく、他人のために働き続けていました。誰も彼を理解できなくとも、その才能は認められ、尊敬されていました。全力で彼らのために尽くしてきたはずでした。ですが、彼は何かが足りないと感じ続けてもいたのです。

彼にとっての罪滅ぼしの道は、まだ始まったばかりだったのです。

このような人生のパターンは、繰り返しその後の転生先の人生でも表れました。どうやっても、この胸の内にある罪悪感を拭い去ることができないでいました。それでも、彼には他人に奉仕して奉仕して、奉仕し続けることしかできなかったのです。

自分自身には目もくれず、何でも他人にタダで捧げる人生が繰り返していきました。

＊　＊　＊　＊　＊

アルタザールよ、そこに真実はあるではありませんか。他の人達と同じように在りたいという償い方など、もうとっくに期限切れではないでしょうか？　自分自身を認めないようにしてきた、これまで通りの生き方を見直す時が、ついに私達全員の前にやってきたのです。これまでの多くの転生は、決して無駄には終わりませんよ。その時々の、当面の目的のために確かに貢献はしてきました。

ですが、どうかお願いです。「自己寛容」の光へと、勇気を出して一歩を踏み出しましょう。

それができる瞬間、あなたはやっと、真の癒しと完成を目撃することになるのです。

第23章　ANの光の塔とアンタリオン転換（内なる次元空間）

5日目の朝日が、横溢した薔薇色の部屋の中に差し込みました。ソルナは、ソラナを連れて近くの河原に行きました。出発、そして二人のお別れの時がやってきたのです。二組のみずみずしい若葉のような緑色の瞳が、お互いに優しく見つめ合います。それはまるで映し鏡を見ているようです。

沈黙を破る魔法の言葉は、ソルナの口から発せられました。

「きっとまた、すぐ会えるわ。愛しいソラナ。隠者は言っていたわ。私達が、新しい系譜の創造者になるのだと。ここより大海を隔てた先にある、エジプトという場所で、その新たなANが誕生することになるのだと。だから、そこでまた会いましょう！」

言葉にできない気持ちが溢れそうになるのをグッと堪えて、一呼吸します。

ソラナは彼女の手をとってから、胸元へ抱き寄せました。そして、言葉を絞り出そうとします……

「君と一緒に過ごした時間は、とても言葉では表せない……さよならなんて言えないよ。僕は君の中に、君は僕の中に生きているのだから。たとえ、どんなに離れていても」

彼女にもう一度、キスをします。「僕の愛する人よ、ANへの帰り道を教えてくれるかい」ソルナは曲がりくねった川の流れを指さし、言いました。「この流れの通りに行けば、すぐに着くわ」

「えっ！　そんなに簡単なの？」ソラナは驚いて言いました。

「うふふ、そうなのよ。隠し場所を見つけることは、いつも難しいけれど。そこには、試練があるからよ。試練を終えたら、もう試されることは無いの。帰り道も楽になるのよ」愛らしい笑顔で彼女は返事をします。

彼はたまらず彼女をもう一度抱きしめて、最後に深くキスをしました。次にこのようにできるのは、地球の反対側で再会してからになるのですから。ゆっくりと彼女を離し、伝えます。

「エジプトでまた会おう、最愛の女性〈ひと〉よ」

そしてソラナは川の方を振り向いて、流れの方へと歩き出したのです。遠くへ行き、見えなくなってしまう前に、彼はもう一度ソルナの方を振り返り、手を振りました。彼女はずっと笑顔のまま、彼を見送りました。

彼らの物理的なお別れは、無痛の内に終わりました。

これからは二人はずっと一緒で、離れることはないと気づいたからです。その日の朝日には、悲しみの欠片もなく、優しさに満ちていました。

ANへの帰路は、簡単という他にありませんでした。出発からほどなくして、故郷の音楽が聴こえてきました。やまびことなった角笛の音の一波が、ソラナの耳にも届きました。その音は、ソラナの帰還をAN全体に伝えるものでした。

ソラナは、ソルナと一緒にANで暮らせたら、どんなに良いことかと思っていました。ですが彼には、やるべき任務が残っているということも知っていたのです。それは、どんな理想の生活にも代えられないことなのです。美しい幻想を振り払って、彼は独り、ANに帰還しようとしていました。

入口では、アカ・カパックが彼の帰宅を待っていました。ソラナは彼との間に感じていた、強い絆と信頼感を思い出しました。お互いの目を見た瞬間、二人は嬉しそうに笑って抱擁をしたのです。言葉は要りませんでした。アカ・カパックはソラナの顔を見て、全てを理解して深く頷きました。

来た道とは別の、アナニのピラミッドに直接続く道を通っていきます。いくつものANの扉をくぐり、ピラミッドの昇り階段を4階まで登って、その部屋に帰ってきました。古代より生き続けている御二人が、帰って来たソラナを見て深い安堵の表情を見せます。

お互いに愛の敬礼を交わしてから、太陽の父が話しました。「よくやったな、ソラナ。隠者もお前のことを褒めていたぞ」

その言葉を聞いたソラナは眉を高く上げて驚きました。「えっ！　どうやって隠者と連絡したの？」

月の母が話します。「お前とソルナのことを、大変嬉しく思っていますよ。彼女、本当に長い間、あなたのことを待っていたのですからね。待つだけの価値はありました。来る日も来る日もあなたを待ち続けていた彼女のことを、ずっと不憫に思っていたのです。ＡＮを代表して、言わせていただきます。私達は、私の息子を誇りに思っていますよ」

「な〜んだ、全部筒抜けだったってことだね」かしこまった態度をとるのを忘れ、ソラナはつい口走ってしまいました。

それにみんなが笑い、皆の愛情とオープンな雰囲気で広間は包まれました。

「それはな、ソラナ。我らが皆、本当の親族だからなのだ」アカ・カパックがソラナに説明をしました。「皆が同じ本質から出でし者なのだ。その間では、隠し事などは存在できぬのだよ」アカ・カパックはソラナの肩を抱いて、ニコニコしながら言いました。

「さて、ソラナよ。ここで、もう少し真面目な話をしなければならない」太陽の父タイタが、ここで仕切り直します。「お前は、アトランティスへの旅を一刻も早く完了しなければならない。お前がいない間に、旅の最短経路を考えておいた。アトランティスでは今、国民が闇に堕ちることが頻発しているようでな。もう後は長くはあるまい。権力の中枢は、闇の勢力に乗っ取られてしまったのだ。ANの敵は光の敵だ。奴らがお前に危害を加えに来る前に、お前の方からアトランティスに向かう方が良いだろう」

「奴らに気づかれないようにアトランティスに入る最短の方法としては、ここの聖河ウィルカ＝マユをいかだで下り、太母湖に入ったらそのまま北方の大海へと出ると、そこにアトランティスが見えてくる。問題は、この道筋でも大変時間がかかるという点だ。アトランティスにはもうあまり時間が無いからな。そこで、もっと早い方法を考えておいた。少々危険が伴う方法だがな……AN王国には、アトランティスや以前のレムリアにあったような空間移動技術は無い。だが、ANの光の塔を使った、次元間旅行ならば可能だ」

ここまでの話を聞いているうちに、ソラナの内で不安感が膨らんできました。「僕はもう、ANには帰ってこられないの？」折角大好きになった場所なのに、もうお別れだなんて悲しいというのが本心でした。

月の母が優しく答えます。「ＡＮ王国は、もうすぐ物質界から消えることになるのです。そのエネルギーの分枝は、この惑星の様々な場所に表れていくことになるでしょう。その中の一つが、あなたとソルナがエジプトとして知られる場所で始めることになる場所です。ここの近くでは、アカ・カパックとその妹のコヤミが創始することになります。後の世では、これらの文明は太陽と月を一式として信仰していた文明として語り継がれるでしょう。そしてそれらの文明が、あなたとソルナのような、双子の魂を持つ兄弟姉妹、または夫婦によって創られたことも」

「これらの新文明もいつの日か、完成の時を迎えることになるでしょう。ＡＮの系譜は絶えてしまったように見えるでしょう。歴史の記録からも消え、それは忘れられていきます。いずれ地球上の私達の系譜の者の記憶の中にだけ、ＡＮは生きていくことになるでしょう。そして最後には、遠い遠い未来のある一点で、まだ地球上に残っているＡＮの系譜がそれぞれの任務を終えて、故郷のＡＮに還る時がやってきます。その時が来たら、ついにこの惑星からＡＮが完全に姿を消すことになるのです。ＡＮは進化の渦上にある、より高度な周波数域で、今より大きな中心太陽〈セントラル・サン〉の太陽系の中に組み込まれることになるのですから」

ソラナは興味深そうに母の話に聴き入っています。「あなた方が故郷に還る時が来たら……あなた方の細胞の内側深くに刻まれた声に呼ばれたら、天にあるオル＝コラの帯を見つめてください。その三ツ星の真ん中の星が、私達の次元の宇宙に繋がっている扉〈ポータル〉です。EL・AN・RAの音を使って、その三ツ星に繋がってください。真ん中の星の、光輝く螺旋トンネルに入って、ブラックホールからホワイトホールに抜け出るのです。そこは紫色の空がある音階〈オクターヴ〉へと続く、扉なのです。さあ、あなたがANに還る時に、あなたを私達の元へと導いてくれる音を、ここでお伝えしましょう」

ソラナに寄りかかり、耳元でその言葉を囁きました。ソラナはその言葉を知っていました。それを聞いた瞬間、彼の身体を電流が走りました。月の母ママキは息子ソラナの手をとり、言いました。

「忘れないで。あなたが任務を終えるまでずっと、一なる星は頭上で輝き続けています。どんな時でも、どんなことがあっても。その白色と金色の光線を浴びていれば、大丈夫。絶対に忘れないわ」

ソラナは頭上で輝くその一なる星の光を確かに感じました。不思議な光の球が現れて、皆を照らしていたのを。ソルナだけでなく、多くの人々との一体感を感じました。確かにその時、みんなが白衣に身を包み、光を放射する太陽の形の黄金の冠を被っていたのを視たのです。至福の静寂の中に身を溶かしていたのです。この時空間を超えたところに存在している、超現実に確かに彼はいました。

ですが突然、身体は揺り動かされ、アナニのピラミッドの中にいる自分の肉体に戻ってきてしまいました。

「来なさい。光の塔はこっちだ！」

太陽の父に率いられ、一行はピラミッドの頂上部に向かいました。頂上部の小部屋は、筆舌に尽くしがたい美しさがありました。辛うじて言葉に落とし込めるのは、その部屋の壁には金銀で縁取られたエメラルドと水晶がはめ込まれていて、それはそれは見事な美しさであったということだけです。

「アトランティスには、私達が信頼を置いている者が一人います」月の母が、落ち着いた調子の声で言います。「Z博士と呼ばれている者です。彼とは惑星の磁界格子を通して、交信をしています。ですから、あなたが来ることも知っていますのよ。彼が善か悪か、人々の間で意見が割れてしまっていますが、それは彼が強力な敵と対立しているからなのです。あなたの期待以上の人のはずですよ」

「あ、そうだ。僕、ラパンヌイ島の司祭たちから、7の同胞団への伝言を預かっているんだ」未完の任務のことを思い出します。

「あなたは外界で永い時間を過ごしてきたのですよ……想像を絶するほど、永い時間を」彼女は優しい口調で説明します。「7の同胞団は、今では力を失いました。アトランティスは完全に堕落し、衰退の一途を辿っています。詳しい話は、Z博士が説明してくれるでしょう」

「解ったよ。それじゃあ、どうすればアトランティスに行けるのかな？」

「人間の知能と言語の制限の中で、この仕組みを説明するのは難しいのだが……」太陽の父が話します。

「まずはアナニのピラミッドを物質界として知られる3次元の象徴として捉えるのだ。次に、逆さまのピラミッドが精神界として知られる空の上の5次元から降りてくるのを視覚化するのだ。鏡映しになった二つのピラミッドの頂上同士が重なり合う部分は、ダイヤの形を取るだろう。その重複域が、物質次元と精神次元を繫げる架け橋として働くのだ。この架け橋は、『アンタリオン転換』として知られている。実のところ、我々がこの地球上で果たす機能の一つがこれなのだ。物質と精神を繫げる多次元体が、我々というわけだ」

「さて、ここからが難解になってくる部分だ。説明に入る前に、まずは空間というものを捉える時についやってしまうような、直線的な考え方を捨て去らなければならない。例えば、上下や左右などだ。上があれば下があり、左があれば右があるというような考え方だ。実際には、確実な上下などは存在していない。無数に存在できるのだ。それを決めているのは、観測者の次元的観点に過ぎない。先ほどの重複するピラミッドを心に描き、それがここの床で平らになって、その重複部分の中にお前が座っていると思ってみなさい」重なり合う二つのピラミッドが描かれている床を指して、その中心のダイヤの中にソラナが座るように促します。「そうしていれば、上下の位置や水平、垂直などが決まっていない、内なる次元空間を経験することになるだろう。上昇ピラミッドと下降ピラミッドが重複する、アンタリオン転換のダイヤの中で座っていることで、お前はいつの間にか大きな水晶の中にいることに気づくだろう。その水晶は、光やエネルギーや振動の送受信機として働く。それこそが、光の塔だ！」

月の母がこれを補足します。「本当はね、ソラナ。この上昇と下降のピラミッドが連動することによって、無数の光の塔が形成されることになります。それは時間と空間の中にできる渦〈ヴォルテックス〉、次元間の扉〈スター・ゲート〉として働くのです。あなたが今いるこの小部屋が、アンタリオン転換なのです。ここからあなたを様々な星天場、異次元の現実機構など、宇宙の様々な周波数帯域へと送ることもできるのですよ」

太陽の父が話を続けます。「アンタリオン転換に入り、光の塔が現れる時、お前はそこで超現実〈ウルトラ・グレーター・リアリティ〉と呼ばれるものを経験することになる。お前という存在を光が通り、浸透していき、肉体の重さを忘れる。これはお前を形作る分子間の空間が拡張するためだ。そしてお前は、光の結晶塔（光の柱とも呼ばれることがあります。）を上へと昇っていく。上昇している間は、時間が無くなったように見えるが、それはお前がもう時空連続体の束縛から解き放たれるからだ。普通の人間の意識を通して見るとこの世界に時空が存在しているように見えているのは、時空連続体を感じているからなのだ。それを感じなくなった時、お前はもう個としての意識を持たなくなるだろう。ただ、光になるのだ。光の塔の最上部といわれる部分まで辿り着くと、その時にはお前はもうアトランティスにいるだろう。Z博士がそこでお前を待っている」

最後に悲しみを圧し伏せたような表情でお別れを言い合い、ソラナは目を閉じて集中し始めました。意識の焦点は、ダイヤモンドの中のエネルギーです。話の通り、光の塔が彼の頭上高くまで伸びていることを知りました。まるで、超巨大な水晶の中心に座って、光が彼の間を通り抜けているような感覚です。

ゆっくりと、彼の体が光り、上昇し始めました。強力なエネルギーが彼を貫きます。

上昇していくうちに、赤く点滅をする周波数帯域に入っていきました。そこを通ると、彼の細胞が赤く再活性化されていきました。

次に、オレンジ色の柔らかな光を放つ球体の中へと押し上げられていきました。その光は太陽千個分もあるほど眩しく、彼の意志が大幅に強化されました。

その次は、黄色く光る部分まで昇っていき、彼の智の光が活性化しました。

次のエメラルド・グリーンの光によって、彼の心臓の鼓動が、万物の心臓の鼓動と同調しました。

ソラナは光の塔をぐんぐん昇っていきます。もう既に自分がソラナという個人だったことを意識していませんでした。

次に見えたのは、空色の光でした。そこではあらゆる音が含まれた音の振動で、彼の核部分が共鳴しました。一元性の中にある万物と共鳴したのです。

さらにその上には、神秘的な藍色の光によって、全ての神秘は解き明かされました。

そして終に、ソラナは巨大な紫色の光に到達したのです。ここで彼は真の力を得ることになりました。

それぞれの色が、次の色へと重なっていきます。そして最後には、全ての色が一つに溶け合って、輝くマゼンタ色になりました。ソラナは一なるものと合体を遂げたのです。

ですがそれも束の間の出来事でした。彼は天高くから落ちて、純粋な白い光だけがある球体の中に入りました。ソラナはあまりに強いその白い光によって、全てを忘れてしまいました。

しばらくして、ソラナは自分が誰であったのかをゆっくりとですが思い出していきました。アトランティスに到着したようです。

＊　＊　＊　＊　＊

こうしてラパンヌイ島の司祭であり、ＡＮの使者であるソラナは、アトランティスへの長い旅の終着点に辿り着いたのです。

彼がラパンヌイ島を発ってから、世間では幾千年以上もの時間が経っていたことを間もなく知り、ショックを受けることになります。（ＡＮもティワクも、時間の外側に存在していることを考えると、当然のことであると言えます。）ソラナの肉体はそれほど歳を重ねたわけではありませんが、この時の彼の精神は既に成熟した段階にまで辿り着いていました。

彼はその人生を通して、ずっと監視され、ずっと護られていたのです。全ては、様々な実験と計画を慎重に進めていくため。自身の神聖な任務を決して諦めない者への、私達なりのやり方なのです。そうした者は、困難なことがあっても、黄金光の翼を持ったように乗り越えていけます。

いつも上手く行くわけではありません。私達には、それも解っています。

しかし、自分たちは見捨てられていないと知ってくれてさえいればと、思うことはあります。彼らのほとんどは、原初の時に地球に遣わされた天使なのです。ソラナはその中でも際立った存在となりましたが、元々の出自は彼らと同じです。

第24章　終末の日

静寂の中に、歌っているような男性の低い声が聴こえてきます。「アズラン・アンテス・ハローン」体を包んでいた白く輝く光が、霧が晴れるようにゆっくりと薄れてきました。ソラナの前に現れたのは、深紫色のローブを着た一人の男性でした。流れるように手を動かしています。どうやら、祈りに集中している最中のようです。『これが誉れ高きあのZ博士に違いない』彼を一目見てソラナはそのことに気づきました。

詠唱を終えると、その男性はアトランティス流の両腕を上げる挨拶をもって到着したばかりのソラナを迎えました。とても鋭い、射貫くような青い瞳を持っています。見つめられていると、まるで自分の魂に刻まれた記録を読み取られているような感じがしました。

ソラナは黙って、自分自身の揺るがぬ識別力を駆使して、その男性を見つめていました。Z博士と思わしきその男性からは、見たことも無い程の威厳が放出されていることと、途方もない智慧が蓄えていることを感じました。外見から実年齢を判断するのは難しいですが、非常に長い間同じ肉体のまま地球上に留まっている古代の魂だということをソラナは見抜いていました。

「アトランティスへようこそ！　お察しの通り、儂がZ博士だ。君はANの息子ソラナだろう？気分はどうかね？」

ソラナが返事をしようとします。ですが、肉体の操縦の仕方を忘れてしまったかのように上手く声が出てきません。以前とは全く違う肉体を持っているような、変な感じでした。一拍置いてから、ゆっくりと返事の言葉を紡ぎます。「僕の身体に感覚を戻しているところです。でも、もう少し時間がかかりそうです……」

「なるほど。だが、ゆっくりしてはいられぬのだ。製造主の丘も、以前と違って安全ではなくなったのでな。見つかってしまうかもしれぬからな。どうだ、もう歩けるか？」

「やってみます」ソラナは力なく返事をしました。Z博士が彼を支えながら、歩かせようとします。足元がふらついたままのソラナは、背の高いZ博士の胴体に大きく寄りかかってしまいました。「まだちょっと、めまいがする」ソラナが思ったことを正直に述べました。

「じき慣れる」Z博士も親切にそれに答えます。「壁に沿って歩こう。そうすれば、寄りかかりながらでも進めるだろう。それと、この衣を着るといい。ANの服だと、目立つだろうからな。ANのことを知らぬ者も多いが、ここでは余所者だと思われること自体が危険だ」Z博士にその頭巾つきの紺碧の衣を着させてもらいました。着終わる頃には、ソラナの身体にも感覚が戻ってきて、一人で歩けるぐらいにはなっていました。

「さあ、あっちのもう使われていないトンネルを通って、ここから出るぞ」Z博士の口調には緊迫した雰囲気がありました。「歩く時は、音を立てないくらいにそっとだぞ。何しろ随分と長い間使っていない古い通路だ。いつ崩れるかも分からぬ。だが、ここからなら気づかれぬだろう」

ソラナ達は外に出て、大きな石の壁の前に立ちました。Z博士が衣の中から結晶を取り出し、それで壁をコンコンコンと三回叩くと、壁は内向きに音も無く開きました。二人は明かり一つない秘密のトンネルの中を進んでいきました。扉が閉まる前に、Z博士が壁にかかっていたランタンを取り外して、その中に衣の中から取り出した星のように煌めく何かを入れました。途端、ランタンの中から光が発せられ、辺りを照らしました。

「オラリン寺院の上級巫女アローラから、君へ贈り物だ」Z博士が小声で教えてくれました。
「本物の星だ。こうして、明かりが必要な時にも使える。今のアトランティスで信頼できるのは、アローラくらいのものだ。彼女に会ったら、胸当てのところを見てみなさい。そこに、このような星が13個埋め込まれておる。天の彼方にある洞天にいるという、彼女の故郷の星天存在たちからの贈り物なのだそうだ」

光輝くランタンは、この暗闇の中でとても役に立ちました。床には崩れた石や瓦礫がたくさんあり、歩くのも大変です。何度か分かれ道がありましたが、Z博士は迷わず正しい道を示してくれました。彼がいなかったらきっとここから出られなくて困っていただろうと思い、ソラナも安心していました。トンネルの中の空気は重苦しいものでしたが、耐えられないほどではありませんでした。

『僅かだけど、良い空気も感じる。多分、どこからか外の新鮮な空気が入ってきているんだろうな』ソラナは思いました。

そのままトンネルの中を、音を立てないように慎重に進み続けます。どのくらいの時間が経ったか分からなくなってきた頃、Z博士が一旦立ち止まって、じっとしているようにソラナに言いました。ランタンをソラナに手渡すと、Z博士は暗闇の中に一人で入っていきました。数分後、戻って来たZ博士はランタンを受け取り、呟きました。「光の贈り物をくれた『オクミン』に感謝せねばな」そう言うと彼は、ランタンにフッと息を吹きかけ、明かりを消しました。小さな星をその中から取り出すと、手のひらに置いたまま、星の薄暗い明かりを頼りに進んでいきました。そのまま行くと、通路は突然行き止まりになりました。空のランタンを壁にかけて、Z博士は先程と同じような壁を開ける為の手順を踏みました。

外に続く道が現れます。ソラナは、外がすっかり暗くなっていることに気づきました。雲間から差し込む銀色の月の光が妖しく光り、神秘的な雰囲気を醸し出していました。二人は顔を見られないように衣についた頭巾を被りました。そして丘の下の方に見えていた黄金の門へと歩き始めました。高い門が、月の光を反射して自分の居場所を示しています。

「よいか、この先、何を見ても動じないようにな。何があってもだ」Z博士は勇気づけるような口調で、そう忠告してきました。どういう意味だろうと思い、純粋なソラナは目をパチパチしています。

しばらくすると、人の騒ぎ声が聴こえてきました。

品の無い笑い声が聴こえてくる方に目をやると、そこには裸の男女の集団が、草むらの上で大酒を飲んでどんちゃん騒ぎをしていました。

男が器に入った液体を横たわった女性の身体にかけて、女性は快感の喘ぎ声を上げながら身を捩っています。

半人半獣の奇妙な生き物が、人間達と交尾をしているのも見えました。

ソラナはその光景に気持ちが悪くなり、吐きそうになるのを堪えました。たまらず目を背け、淡々と進むZ博士の背中を追いかけます。

ようやく門の前に辿り着きました。

安堵したのもつかの間、黒ずくめの男が突然、ソラナに襲い掛かってきました！

男の首元には、ピラミッドの中に目が描かれた銀色のペンダントが見えました。男の目は黒ずんだ赤色をしていて、とても不吉な感じがします。

「止まれ！」男は恐ろし気な声で命令してきます。「何者だ？　ここは通さんぞ！」

「我々に静止する義務はない」Z博士が断固とした態度で言います。「通させてもらうぞ！」

守衛らしき人物が、レーザー兵器のようなものを取り出して、こちらに向けてきました。

Z博士は素早く、深紅の結晶を取り出して相手に向け、呪文のような言葉を呟きました。（この呪文をここに書くことは禁じられています。）その瞬間、相手の武器が非物質化され、消えてしまいました。守衛は驚き立ちすくんでいます。

威風堂々と門を抜けると、Z博士はその言葉を発しました。「アズトラン・インラ」そして門は姿を消しました。二人は急いでその先を進んでいきました。

アトランティスの街路は不気味なほど静まり返っていて、人影一つありません。酷く不吉な予感がします。静かにその街中を歩き進んでいき、ある寺院の扉の前に辿り着きました。「エノーラ」と読める字だけ刻まれた石板が掲げられた、小さな白い寺院でした。扉の前で、Z博士が暗号鍵となる特定の音を出しました。すると、扉が開いたので、二人は急いで中に滑り込んでいきました。

入口で待っていたのは、美しい顔の背の高い細身の女性でした。長い黒髪には、若干の白髪が混じっています。Z博士を見ると、とても安心したように抱きつきました。彼女を見たソラナは、なぜか大好きな兄のアカ・カパックを思い出していました。

Z博士は頭巾を取り、娘のナムアニにソラナを紹介しました。ソラナの手を取ると、ナムアニは優雅な微笑みを見せて彼を歓迎しました。「アトランティスへようこそ、ソラナ。本当に、長い距離を旅してよくここまで来てくださいました。世界の果てにあるという、あのAN王国からの使者を迎えられるなんて、私達は幸運の至りですわ！　さあこちらへ。何か冷たい飲み物でもいかがかしら？」彼女が案内した先の部屋には、すでに美味しそうな食事が用意されていました。

ドシドシと足音が聴こえてきたかと思うと、ライオンのような白く長い髪を持った大柄の男性が部屋の中に入ってきました。穏やかながらもすごい存在感を放っていて、部屋にいた全員が彼のことを注目するほどでした。彼は柔和な微笑みをソラナに向けました。彼の目からは、なにか大変な仕事に集中していることや、その大きな責任感にずっと耐えてきたような様子が窺えます。もしかして、ほとんど寝てないのではないかと、ソラナは感じました。

「ソラナ、こちらは私の夫のヴァネルよ。アトランティス随一の音楽家なの。そして、このエノーラ寺院は、音楽の殿堂なのよ」ナムアニが説明をしてくれていた間、ヴァネルとソラナは見つめ合いながら、深い既視感と、不思議な親近感をお互いに感じていました。（ナムアニとヴァネルもANの系譜なのかもしれませんね。）二人の男性は固く握手を交わし、ヴァネルは一言断ってから今までやっていた作業に戻っていきました。

「彼、忙しいのよ。一緒にいられなくて、ごめんなさいね。彼は今、ある音を探しているところでね。現在アトランティスが陥ってしまった負のエネルギーを根こそぎ変質させることができる『マスター周波数』を見つけるために、何日も部屋に籠りっきりなのよ。今は『製造主』が……ここでいう司祭階級の人達のことね、彼らは大量破壊兵器を造り出すために日夜研究を重ねているところで、ヴァネルはそれを食い止めようとしているの。だから、アトランティス人たちを操っている、この歪んだエネルギーを変換してしまおうという訳よ。そのエネルギーが、製造主たちにとっての力と民衆の支配の源になっているから」ナムアニはため息をついてから、話を続けました。「アトランティスの運命に対して私達にできるのは、もうこの方法しかなかったのよ、ソラナ。でも、あなたが来てくれてよかった。あなたは今、この国に必要とされているのよ。とりあえず、ゆっくりしていってね。さあ、どうぞ食べてまずは元気をつけましょう！」

食事を終えたソラナは、到着したばかりの時と比べて随分と地に足ついたような感じがしてきました。Z博士が鋭い目つきで、尋ねてきます。「さて、これがあの偉大な国と讃えられたアトランティス大陸だ。……どう思うかな？」

「予想よりも事態は深刻なんだね」ソラナはそれを認めざるを得ませんでした。「ここまで大変なことになっているなんて……僕が昔住んでいたラパンヌイ島では、アトランティスを讃える歌があったんだけど、それと現実とでは全然違う。少しショックだよ。さっき見た、あれも。あんなことがこの世界に存在できるなんて……」

Z博士は穏やかな微笑みを浮かべて、ソラナに同情しました。「お前の言う通り、昔は良かったのだよ。今はまるで、アトランティス全体が堕落に憑りつかれてしまったかのようだ。人々は、霊魂の成長よりも科学技術の発展を重んじておる。もう長くはもつまい。終末の日は、すぐそこまで迫っておる。それを防ごうと、我々は最大限努力してきたつもりだ。不和を変化させられそうな、あらゆる手段をこれまで講じてきた。しかし、それも現状を維持する程度の効果しか得られなかったのだ。他にも、僅かながら手は残っているのだが、それを絶対に奴らに知られてはいけない。街中、闇の連中が闊歩しているのだからな」

「あなたが到着したあの丘の上にあるのが、製造主の家なのだけれど……」ナムアニが付け足します。「ずっと昔、製造主たちはある純粋な存在をそこに召喚したの。そして、その存在がもたらす素晴らしい力に魅入られて、研究を重ねたのね。けれど、今となってはその時の純粋な意図は失われてしまったのよ。そして、力は悪用され、破滅の力が使われるようになっていったの。黒魔術の実用や、恐ろしい実験が横行していったわ。そして、アトランティスの支配権を巡って、人々はお互いに争い始めたの。民衆は恐怖におびえ、不安定な毎日を過ごしているのよ」

ソラナは信じられないといった表情で、首を横に振りました。

「……ところで、Z博士。さっき、黄金の門のところにいた守衛が、僕たちを通さないと言った時、なぜ名乗らなかったの？　あなたがZ博士と知ったら、彼らは通してくれるんじゃないの？」

「アトランティス内には敵が多い。特に、製造主の連中の中には……」Z博士は俯いて話し始めました。「ここには、儂の命を狙う連中が多くいるのだ。そう、儂を恐れているのだ。恐れるあまり、手を出してこない連中もいるが、実際に攻撃をしてくる奴らもおる。だが、奴らに磁界格子の操縦権を渡すわけにはいかん。マスター・グリッドへの鍵が無ければ、闇の勢力もアトランティスを完全には支配できないのだからな。隙あらば儂からそれを奪おうと狙っている連中は多い。だからこうして、隠密行動をしておるのだ」

ソラナは、ラパンヌイ島の司祭から伝えて欲しいと言われていた伝言のことを思い出しました。「7の同胞団は、どうなったの……？」アトランティスの現状にまだ動揺を隠せないソラナが、尋ねました。（彼が動揺するのは無理もありません。生まれて初めて、堕落を目撃した無垢なる魂なのですから。）

「7の同胞団も、数年前に長老を亡くしてからは悪化する一方だ。団員も、現在は5人しか残っておらぬ。欠けた2人分を埋めることができるほどに意識が発達した奉仕者がおらぬのだ。この現状を誰より嘆いているだろう。かつて栄華を誇った偉大なる兄弟団。それが今や、5人の力なき老人の集まりになったときたものだ。皆で力を合わせて、この神聖な文明を育ててきたのにな……」そう言ったZ博士の口調にも、覇気が薄れていくのが感じられました。

「そんな……とても信じられない。こんなのってないよ。ずっとずっと憧れてきたアトランティスに、やっと辿り着いたというのに！　そんなの、悲しすぎるよ！」ソラナは押し寄せる悲しみに打ちのめされてしまいました。

「ソラナ！　ごめんね、どうかそんなに落ち込まないで……」ナムアニが慰めてくれました。この女性は一見優しくて大人しそうな雰囲気ですが、その内側には大きな勇気と力を秘めていることが、ソラナには見て取ることができました。それを知ると、彼も勇気づけられてきます。彼女にとって、その勇気と力を外側に向けて誇示する必要など無かったのでした。

「AN王国は私達の現状にも気づいていた。だから、あなたを送り込んでくれたのよ。あなたが今、アトランティスにいるということも、至高の目的の賜物なの。天は、私達をいつも楽な道だけ歩かせようとはしないわ。最も困難なところに送られることの方が多いの。そこが一番、あなたの光を必要としている場所なのだから！　明日、オラリン寺院のアローラに会いにいきましょう。この惑星で最も進化した、天使的な星天存在の一人よ。……さあ、今日はもう疲れたでしょう。寝室まで案内するから。明日も、忙しくなるわよ」

その晩遅く……ソラナは寝付けず、その日に起きた出来事を整理していました。どれだけの時間が経ったのか、感覚が曖昧になっていることに気づきました。愛するソルナの下から旅立って、もう丸一日くらい経ったのでしょうか？　それとも、数年が経過していたのでしょうか？　ソルナのことを考えるだけで、胸が温かくなります。その温もりが、彼の支えとなっていました。そうしているうちに、ソラナは眠りについたのでした。

＊　＊　＊　＊　＊

アトランティス陥落の前の、末期の状態に困惑するソラナのお話でした。ソラナにとっての試練の日々です。私達から見ても、それが良く解るように。彼の存在は、至高の計画に求められていたのです。彼がアトランティスで過ごす期間すら既に天に定められており、物事は計画と寸分たがわぬよう進められていきます。

第25章　オラリン寺院にて、ディアンドラとソラナ

ナムアニの頭巾つきの白いローブが、冷たい風に吹かれバタバタと揺れ動きます。ソラナは彼女の後について、不穏な空気漂うアトランティスの街中を走っていました。白いドーム型の寺院の前まで来ると、二人は立ち止まりました。巨大な扉には、『オラリン』と読める文字が刻まれています。扉の前には武装した守衛が何人か立っていました。階段を駆け上がり、ナムアニは被っていた頭巾を取って守衛たちに顔を見せます。彼女を確認した守衛たちは頭を下げ、扉の片方が開きました。ナムアニとソラナは寺院の中に入ります。

寺院の中には、複数の巫女たちがいました。二人に向かってお辞儀をしながら、何やらくすくす笑って、何かを囁き合っているようです。それとは別にもう一人の巫女が出てきて、二人を大広間へと案内しました。この建物のドーム部分にあたる部屋です。天井は一面、紫がかったコバルトブルー色で塗られていて、その中に金銀色の星々が煌めいていました。ソラナはそれを興味津々な様子で見つめています。それはまるで天界の地図のように見えましたが、ソラナが知って

いる範囲の星天よりも更に広い範囲が示されているようでした。ソラナはその不思議な光景に胸を打たれたのか、しばらくずっと見入っていました。

そこへ若い女性が二人、慌ただしい様子で駆け寄ってきました。ソラナが二人を見ると、その内の一人は息をのむほどの美しさで、少しナムアニに似ていることに気づきました。『この人の目には、何かがある気がする……なんだろう？』ソラナはそれが何かを確かめようと、もう一度上を向きました。『やっぱり、彼女の目は星々のようだ』その女性はナムアニに駆け寄って、抱きつきました。もう一人の女性は黄金色の髪を持った、細身の女性です。知恵のあるしっかり者の雰囲気の女性でした。

ナムアニはANからの使者の方を笑顔で振り返り、呼びかけました。「こっちよ、ソラナ！紹介するわ。私の娘ノヴァスナよ」

ノヴァスナは煌めく星天の眼をソラナに向け、優美にお辞儀をしました。「ノヴァスナと申します。ソラナ殿、お目にかかれて大変光栄に存じます。こちらは私の寺院姉妹であるアヴァリンでございます。私の実兄であり、製造主の一員でもあるアニオンの、近しい友人でもあります」

ノヴァスナはとても友好的に説明をしてくれました。

しかし、彼女が兄の名前を出した瞬間、母ナムアニの表情が曇りました。「アニオンはどうしているかしら？」ナムアニは、アヴァリンに息子の様子について尋ねました。

「残念ですが、決して良好とは言えません」アヴァリンが返答します。「私はもう、耐えられそうにありません……私達がどれほど深く愛し合っていたか、ご存知でしょう。それが今では終わりが見えない口論の毎日……結局、彼も他の製造主たちと同じように、大自然を敬う心を失ってしまったのです。神聖な自然の力を、実験を通してあんなに無差別に乱用して。アニオンはより大きな力と支配を求めています。それが、人間にとってどんな影響を与えることになるのか、彼らには解っていないのです。彼の祖父であるZ博士のことを、科学技術の成長を妨げているとして、アトランティスの敵と見なし、命を狙っています」アヴァリンは涙をこらえて、言います。「彼と昔みたいに仲良くなれるのか……もう私にはわかりません……私からはもう、十分努力したはずです」

ナムアニは愛おしそうに、涙ぐむアヴァリンを抱きしめました。「あなたは十分、よく頑張ったわ。私にはできなかったの。アニオンはもう、母のことは目もくれないのだもの。あの子にも、父親ダヴォッドの荒々しいエネルギーと、天性の才能の両方が宿っているのね。アヴァリン、今まで本当によく頑張ってくれたわね」

「ごめんなさい。もっとやれると思っていたのですが……製造主たちは、本当に狂気に憑りつかれていいます。まだ全てを破壊していないだけでも、幸運に思えるほどです」アヴァリンはソラナの方を振り向き、尋ねました。「ソラナ殿、貴方様はレムリア出身であると聞いております。アルタザールという名の王をご存知でしょうか？」

「……うん、よく知っているよ。僕の親友なんだ」アルタザールの名前が出たことに一瞬驚きましたが、すぐに冷静に返事をしました。「レムリアが沈んでしまった後、僕たちは一緒にラパンヌイ島から旅立ったんだ。そして、ティワクという恐ろしいところに辿り着いてしまった。そこはAN王国の近くにあった、古代の祭儀所だったんだ。僕たちはやむを得ない事情があって、そこでお別れをすることになって……」ソラナは言葉を詰まらせてしまいました。

「では、彼の伴侶となったディアンドラが、アトランティス出身であることもご存知でしょうか？」アヴァリンが再び質問をしました。

「ううん、それは知らなかったよ」ソラナはとても驚きました。「なんてことだ……じゃあ、ディアンドラという人もレムリアが滅んだ時に……？」

ナムアニが事情を説明します。「ディアンドラは、母なる大地が沈んだ際に、強制的にここへと瞬間移動をさせられたのです。彼女を脱出させたのは、彼女の兄ダヴォッドでした。そして、ダヴォッドは私の息子アニオンの父親です。その一件が原因で、ダヴォッドは命を落とすことになりました。7の同胞団の許可なく計画を実行したため、罰を受けたのです。それに、空間移動の行程について完全な知識も無く実行したことも原因となりました……」

「そんな……ディアンドラが生きていたということを知っていたら、アルタザールは！　彼を救い出すことができたのに！」ソラナは嘆きました。

「彼女は……無傷で輸送されなかったのです」アヴァリンがそっと言いました。アヴァリンがどれほど深くディアンドラを慕っていたか、ソラナは彼女の目を通して知りました。「ディアンドラの記憶はついに戻りませんでした。この寺院で生活をしていますが、一日のほとんどを、海岸で過ごしています。西方の海の果てを見つめながら……もう言葉を発することもありません。海鳥たちと交流をしているようですが、それだけです。私は……私は、毎晩ディアンドラを寺院まで運んで、食べ物を与えて世話をしています。その昔、私が少女だった頃、このオラリン寺院に加入したての頃、彼女にはとてもお世話になったのです。彼女は、私にとって母親同然でした。だから、せめてもの恩返しができればいいと思って……」

彼女の言葉に、ソラナは心が張り裂けそうな気持ちになりました。『アルタザールかディアンドラのどちらかが、お互いが生きていることを知っていたら……こんなに苦しまなくて良かったはずなんだ……』彼は考えたのち、アヴァリンに尋ねました。「ディアンドラに会わせてくれないか？」

巫女は彼の聡明さと真摯な姿勢に気づき、感動して返事をしました。「はい、喜んで！　今すぐご案内します。アローラは現在、大事な会議に出席している最中の為、終わるまではどちらにせよ面会ができませんし。ノヴァスナとお義母様、ディアンドラのところへ行ってきてもよろしいでしょうか？」二人の女性も、もちろん首を縦に振りました。

紫色の頭巾付きのローブを着たアヴァリンが、ソラナを連れて海へと向かいました。砂浜がきめ細やかな白い砂粒で、光っています。ソラナは綺麗な貝殻をいっぱい見つけたので、気に入ったものを拾ってローブのポケットに入れました。ずっと憧れてきた地の記念品として。想像とは大分違っている地ではありましたが……

彼らは沖の方に突き出た崖の下にある、険しい坂道を降りていきました。崖の一番下のところに、深紫色のローブを着た一人の女性がいました。髪の色は銀色に染まり、海風に揺られています。若くはありませんが、彼女の顔はしわも少なくまだ綺麗で、大きな目と豊かな頬骨を持っていました。侘しいような、光栄のような、何とも言えない不思議な悲しみの感情がソラナの胸を打ちました。

アヴァリンとソラナは、彼女の隣に腰かけました。ディアンドラが振り返り、誰だろうと言いたげな眼差しを向けます。そして、彼女の視線はまた海の彼方へと向けられました。アヴァリンが、何か話したいことがあるかと聞きたげにソラナを見ました。彼は深呼吸して、出来る限り平静さを取り戻そうとします。

『この人がアルタザールの奥さん……』未だに実感が湧いてきません。よく彼女を観察して、どのくらいの正気を保っているのかを見極めようとしました。もしかしたら見かけよりちゃんと意識を保っているのではと、ほんの少しだけでも期待をしていたのです。もしかして、このような特別な時には目を覚ましてくれるのではないかと、まだ楽観視していたところがあったのです。ですがその期待も、彼女の反応の無さを見て、脆くも崩れ去ってしまいました。

ソラナが話しかけます。優しく話し始めるも、やはり押し寄せる感情の波が後から追ってきます。「初めまして。アルタザールの奥さんの、ディアンドラ！　僕はソラナといいます。母なる大地が完成の時を迎えた時、あなたの旦那さんがラパンヌイ島に派遣されてきて……アルタザールには、その時に出会いました」

ディアンドラはソラナを空虚な眼で見つめますが、彼の話していることは何も伝わっていないことは誰の目にも明白でした。

ソラナは話し続けました。「旦那さんと僕は、一緒に島を出て……あ、アトランティスに一緒に……一緒に……うぅ……」彼はたまらず言葉を詰まらせてしまいます。アルタザールがここに一緒にいるべきだったのにと、強く思いながら。

「アルタザールはあなたをとても愛してました。だから、あなたがレムリアと一緒にこの世を去ったと思っていたアルタザールは……あまりの不幸に絶望し、とても悲しんで、とても後悔してました……。自分がなにもかも悪いんだって」（ここで、真実について誤った想像をされないようにご注意くださいますよう、僭越ながら隠者から忠告をさせていただきます。私達は、全体図のうちのほんの僅かな欠片しか知らないということを、いつも念頭に置いておくべきなのです。）

ソラナは言葉を続けました。「アルタザールは絶望して、もう生きていたくないと言ってました……世界で孤独に生き残ったレムリア人になど、なりたくないと。でも、彼は勇敢にも自分の責務を全うしようとして、アトランティスに旅立つことを決心したんです。ラパンヌイ島の司祭として、僕もその旅にお供させてもらいました」

何とか彼女の忘却のベールを突き破れないかと、必死な眼差しでディアンドラを見つめます。でも、彼女の中の何かが、彼女の意識に封をしてしまっていたのです。ディアンドラの目の奥底には、かつてのディアンドラの欠片が視えました。なんて美しく、完璧なカップルだったことか。ディアンドラとアルタザール、二人は真に平等な存在でした。あのアルタザールが酷く傷ついていたのも、これで頷ける！　解るからこそ、なぜ旅を途中で止めてしまうことになったのか、ソラナには悔やんでも悔やみきれない想いを抱いていました。アルタザールがここにいたら、絶対にディアンドラは治っていただろうと確信していました。それに、ディアンドラが実は生きていて、アトランティスにいることをアルタザールが知っていたのなら、ムー・ラの罠にはかからなかっただろうということも。ソラナはしばらく後悔したのち、ゆっくりと話を再開しました。

「その後、本当にどうしようもない状況になってしまって……僕はアルタザールを置いてくることになってしまいました。彼が今どこで、どうしているのかも分からないんです。でも、でも、アルタザールは僕の本当の友達なんです。一番の友達。沢山、話しをして、思い出を分け合って……だから、解るんです。ディアンドラ、アルタザールは君のことをとても愛していたよ！　世界中の誰よりも、愛していたんだ！　君の為だったら、命なんて惜しくないほどに！」

自分の内側から押し寄せる感情の波に圧倒されてしまい、ソラナからはこれ以上もう出る言葉がありません。ディアンドラに礼をして、彼は立ち上がって、来た道を戻っていきました。ディアンドラは何も言わず、去っていくソラナの後ろ姿をじっと見つめていました。アヴァリンもディアンドラに一礼し、ディアンドラを浜辺に残して、その場を後にしました。

誰もいなくなった波打ち際は、静寂に包まれました。聴こえるのは、一定のリズムで浜辺に打ち上げる波の音と、いつものように遊びに来た海鳥の鳴き声だけでした。海風は少しだけ塩辛くて、乾いた海草の匂いも混じっていました。

ゆっくりと……本当にゆっくりとですが、ディアンドラの唇が動きだしました。

そして静かに、彼の名を呼びました。

「アル……タ……ザール……」

大粒の涙が彼女の眼から溢れ、頬を滑り落ちていきました。涙は次から次へと溢れてきます。そして、何度もその名前は繰り返し発せられたのです。

「アルタ……ザール……アル……タ……ザー……アルタザー……ル……」

涙は流れ続け、彼女は身動き一つ取れませんでした。そして、彼女の中で何かが目覚めて、ついに思い出し始めたのでした。

第26章　水晶伝達〈クリスタル・トランスミッション〉とアトランティス脱出

3日間、アローラとの非公式面会を行う目的で、守衛たちの目をすり抜けて、オラリン寺院に入り込む者たちがいました。上級巫女アローラも、使いの者をアトランティス中に送り、秘密の伝言を理解できた者たちだけを寺院の中へと招いていたのです。面会時間はそこまで長いものではありませんでしたが、アローラに会ってから寺院から出てきた彼らには、明らかな変化が見られました。目的意識がより高くなったと言うのでしょうか。纏っているオーラの質が激変していたのです。

そんな中、ソラナもアローラと会える時を辛抱強く待ち続けていました。その日、寺院の中でいつものように順番待ちをしていた彼に、ようやく小型のドーム型寺院への呼びかけがありました。そこでついにアローラとの面会が実現するのです。そのドーム型寺院は水晶のような半透明の物質で造られていました。ソラナは外側からでも、ドームの中に咲いた草花が微風に揺られているのを見ることができました。この荒んだアトランティスの中では、砂上の楼閣のような非現実的な光景に思えてきます。そのような構成要素全てが、ドーム内の超次元空間を演出しているようでした。

ドームの中に入って待っていたソラナのところへ、アローラが入ってきました。ソラナを見ると、笑顔で歩み寄ります。言葉を発することなく、まずはと言わんばかりに、手のひらを上にして彼に差し出しました。ソラナは自分の手のひらを下にして、アローラの両手と合わせます。その時、ソラナの中を波動が通り抜けていったのを感じました。

ふと近くを見ると、そこにはＡＮ王国の太陽王と月女王が佇んでいて、愛の眼差しでソラナを見守っていました。隠者が結晶を見つめて、彼女自身が結晶に融合していくところも視えました。その次は、ソルナ自身が、白い石で形作られた道の傍で座っているのが視えました。あの場所は確か、ソラナが隠者に会いに行った時、夜が明けるまで休憩していた場所です。

ソルナは泉に映った自分の姿を見つめていました。そして、ソルナの後ろにはソラナ自身が水面に映りました。彼女は指を自分の唇に置いてから、その指を泉に映るソラナの唇に当てました。その瞬間、ソラナは彼女の冷たい指先の感触を、唇に感じたのです。

次に視えた風景は、どこかのジャングルに住んでいる部族の男の子でした。彼は原始的なつくりの弓矢を使って、大人たちの狩りのお手伝いをしているようでした。ソラナには、その男の子が誰か、その風景が何なのかは解りませんでした。

次の風景は、天高くにある大きな洞窟の中でした。そこには無数の火がついたロウソクが延々と揺らめく光を放っていて、低い詠唱音が聴こえていました。そこには時間というものが存在しておらず、どこまでも続く平和がありました。頭巾をかぶった白装束の人達が視えます。美しい人々です。無限の優美さを放つ彼らを視ると、自然と畏敬の念が溢れてきます。

『オクミンの間へようこそ』ソラナの高次精神に直接話しかけられました。彼らの顔ははっきりと知覚することができません。ですが、彼らのことは自分の家族のようによく知っている人達だと、ソラナは知っていたのです。

洞窟の真ん中には、最高級の優雅さを持つ存在が立っています。その存在の体を構成しているのは、光以外の何物でもありませんでした！　ソラナは感じました。きっとこの光の体は、他の者と交流するのを容易にするために作っただけで、本来は必要では無かったのだと。私達にとっては、その体に焦点を当てているだけだということを。

その星天存在は、細長い指を持つ両手を、何かを表現するために動かしました。ソラナの意識に、その存在の名はセロンということが印象付けられました。セロンはそこに居並ぶ面々に向け、伝達をし始めました。『結晶伝達〈クリスタル・トランスミッション〉』と呼ばれる演説です。演説といっても、言葉は一切使われることなく、それぞれの喉のチャクラに埋め込まれた結晶を通して各々に受け取られるというものでした。

ソラナはその演説を通して、非常に有益な情報を受け取りました。彼に視えたのは、アトランティスの海に浮かぶ、木製の蓋で全面が覆われた船が並んでいる姿でした。そして、ソラナにはこの船で人々を導く使命が与えられたのです。乗組員を誰にするかも、正確に視えました。誰を置いてそこを後にするかも、全て理解しました。船の数は百艇近くあるように視えましたが、指定された目的地まで無事に辿り着けるのはその中でも数艇ほどになるということも、ソラナは理解しました。他にも、誰が脱出に成功するということや、誰と今生のお別れをすることになるかということや、その天命は決して変えることができないということも、ソラナは知ることになりました。

その伝達が成された後、セロンはより個人的な伝達をソラナへと送りました。それと同時に、各面々に対してもそれぞれの個人的伝言が送られていったのをソラナは感じました。ゆっくりと、オクミンの間はその存在感を薄くしていきました。これほど強烈な体験をして、ソラナは彼らの実在性を完璧に肯定することができました。それはこの時空を超えた先の、どこかの次元に実在しています。そこととの確固たる繋がりを形成することができたので、ソラナはいつでも自分の意志でそこに戻ることもできるようになったのです。……もしくは、彼の一部はずっとそこに居たということに気づいたとも言えるのでしょう。

ソラナはアローラの姿をよく見つめます。その美しさは、地球人の女性とは比べる基準が違うのだと理解しました。話に聞いていた通り、彼女の銀の胸当てには本物の星々が煌めいていました。彼女自身の眼も星天の煌めき、天人の智慧の光がありました。彼女から彼の手へと、一封の封筒が渡されました。

「方舟番号11への封緘命令です。遠洋に出てから、それを開けてください。あなた方の行く先を示し、更なる計画内容が明かされるでしょう。ラパンヌイ島の司祭であり、ANの子であるソラナ、平和はあなたと共にあります！　オクミンのことも忘れないで。あなたもその一員なのだからら」

アローラは彼の胸にそっと触れると、姿を消してしまいました。

ソラナは宙に浮き上がって、大広間まで飛んできました。足をつけたその場で、ソラナはそこで静かに座っていました。次はナムアニがアローラに呼ばれる番でした。

しばらくして、ナムアニが涙を流しながら戻ってきました。娘のノヴァスナが隣を歩きながら、母を慰めています。まるで今生のお別れを言うかのように、二人の女性はお互いを抱き、涙を流し続けていました。泣き止むと、ナムアニがソラナを一瞥して、出発の準備ができたことを告げました。

頭巾を被って、ソラナとナムアニはオラリン寺院を後にします。音をたてないように静かに、かつ速足で向かった先はエノーラ寺院でした。大理石の階段を駆け上がって、扉の中に入ってようやく頭巾を脱いで、安堵のため息が漏れます。

寺院の中で二人の帰りを待っていたヴァネルとZ博士が、心配そうな顔で二人の傍に来ました。ナムアニはヴァネルの胸に抱き着き、すすり泣きました。ヴァネルは彼女を強く抱き、慰めようとしました。

「なんで？　なんでなのよぅ……ヴァネル……」

ヴァネル大師は彼女を真実の慈愛で見つめます。「解っておくれ、ナミ。故郷の地を脅かす危機を回避できる可能性が僅かでも残っている限り……私はここに残ることを選ぶだろう。だから、私は残らなければならない。全員を救える可能性があるのだから、私一人の命など惜しくはない」

「でも……あんな大災害から逃れる術は無いじゃない！」ナムアニは泣いて懇願します。

「残らなければならないんだ。『マスター・サウンド』さえ見つかれば、全ての悪を変容させられる。そうすれば、アトランティスは救われる」ヴァネルの説明する姿には、哀愁が溢れていました。彼はもう精も根も尽き果てているようでした。よほど長い間、不眠不休で終わりの見えない作業を続けてきたのでしょう。屈強な肉体を誇る彼ですが、その時は折れて崩れてしまいそうに儚く見えました。ここまで疲労困憊な彼を、ナムアニは見たことがありませんでした。

「愛しているよ、ナムアニ。君なら解ってくれるだろう。共に長い間暮らしてきたのだから、君なら解ってくれるだろう。君と暮らした人生は、とても恵まれていた。私は、幸せだった。残り少ない私の人生を、アトランティスに尽くすために使いたい。アトランティスの最期までをこの目で見届けたいのだ。愛するナムアニよ、どうか解って解っておくれ。そして私をここで愛を持って手放しておくれ。そうすれば私の使命も、君の使命も、全うできるようになるのだから」

ヴァネルは彼女を抱き寄せて、二人は涙を分かち合いました。その間、Z博士がソラナを中庭の方へと招き入れました。

「Z博士、あなたはどうするつもりだい？」ソラナはアトランティスの仲間たちを少しずつ、前よりもずっと好きになっていた自分に気づきました。

「儂もだ。ここに残って、アトランティスの最期を見届ける。磁界格子も、最後の時まで守り抜くつもりだ。儂のことは心配するでない。こう見えて、引き出しの数は多いのだぞ」不敵な笑みを浮かべて、Z博士は言いました。「まだ、やり残したことがあるのでな」

そして周囲に聞かれないように小声でささやきます。

「ソラナよ、儂の娘は君と同じ船に乗ることになるだろう。娘を、頼んだぞ」

ソラナは彼の意を汲み、はっきりと返事をします。

「うん、もちろんだよ。僕に任せて。僕はね、みんなのことを僕の本当の家族の一員だと思っているんだ。だから、ここに誓うよ。何があっても、僕はナムアニを守り抜きます。そして、あなたとヴァネルを常に想います」

翌日の朝、そこには穏やかなお別れの時間がありました。アトランティスの最期に備え、ついにナムアニとソラナの二人はエノーラ寺院を後にしようとします。Z博士は娘を静かに見つめつつも、内には強い情を感じていました。ヴァネルとナムアニは名残惜しそうに最後の会話を交わしています。今世では最初で最後となる「さようなら」、そして最後のキス。二人は愛し合ったまま、今生のお別れをしたのです。寺院を発った二人は、遠くにある寂れた港に向かい旅立ったのでした。そこが二人にとっての約束の地だからです。

ひたすら歩き続け、ようやくその場所に着いた頃にはすっかり日が暮れそうになっていました。港の穏やかな水面に浮かぶ、例の船が見えてきました。確かに百艇ちかくあります。長いけれど低めの船体を持った、全面が蓋で覆われている船の両面からは、夥《おびただ》しい量のオールが突き出ています。既に群衆が集まって、そこで待っていました。皆、それぞれが乗るべき船を知っているようで、各自で列を作っています。

アローラの導きにより、それぞれの集団には主導者が選出されていました。ソラナもその内の一人だったようです。各主導者には最終目的地と次の段階における彼らの役目が書かれている封緘命令が手渡されていました。

母ナムアニと娘ノヴァスナが、ここでお互いの姿を発見しました。ノヴァスナは巫女仲間のアヴァリンと一緒にここまで旅してきたのです。巫女ディアンドラの世話はアトランティスに残った巫女たちに任せることになりました。

それぞれの船に荷物と人員が黙々と積まれていきます。搭乗を待つ列の人々も、冷静に自分の番を待っていました。そしてゆっくりと櫂を漕いで、船は岸辺を発っていきました。日が沈んだ暗闇の水平線の彼方に見えなくなるまで、船は遠く遠くの沖へと進んでいきました。

選ばれし者達のアトランティス脱出は、こうして始まりました。彼らは滅亡する直前にある大陸を後にし、地球上の自分たちの新天地を目指したのです。船に居る間、彼らはほとんど不眠不休で漕ぎ続けました。宿命に逆らえるよう手に持ったオールに願いを込めて、悩むことなくひたすらに漕ぎ続けました。

ここで封緘命令が開かれ、そこに示された各自の目的地を知り、その方向へとまた漕ぎ続けました。彼らに残された時間が僅かだということは、皆解っていたことでした。運命は何者をも待ちません。船はそれでも勇敢に進み続けました。恐れや疑いを含む時空間が、船の中には無かったからです。大海の四散した軍隊蟻のように、百艇近くあった船は散り散りになっていったのです。

アトランティスの終焉がいよいよ迫ってきました。破滅劇の幕開けは、裏切り行為によって始まりました。アニオンが、ヴァネル大師とエノーラ寺院の外で対面をできないかと言ってきたのです。

外に出たヴァネルは、アニオンの仲間の闇の製造主たちによって暗殺されました。これがアニオンの計略だったのです。（この物語の終わりに、アニオンについて詳細が語られるでしょう。）

Z博士はなぜか磁界格子の鍵を、放棄することになってしまいました。それが何故、どのようにしてそうなってしまったのかを知る者はいません。それを手放すよう脅されたのか、自分から差し出したのか……ですから、今でもZ博士を裏切り者と呼ばれることがあります。この行為の釈明を探し続ける方々もたくさんいます。はっきりと判っているのは、歴史のこの一点からZ博士は完全に姿を消してしまったということです。

最期の破壊は、『音』によって引き起こされました。最悪のケースを見越して、予防策としてヴァネルが仕掛けていたのです。その凄まじい音が解放された時、『グレート・クリスタル』への負担が超過し、大爆発を起こしました。そして大陸そのものが稲妻を伴う超爆発を起こして、その音は地球上のはるか遠くからも確認できました。

アトランティス文明の建物は全て倒壊し、大地は割け、大陸は砕け散りました。大津波が発生し、アトランティスを一度に飲み込んでしまいました。逃げまどう人々、その目に映るものは狂乱のみでした。逃げ場所など、どこにも残されていません。絶望の慟哭が、無慈悲の大津波の内にあぶくとなって消えていきました。最後の泣き叫ぶ声も、海の中へと消えていきました。

あの美しかったアトランティスは、その後も続いた激しい地殻変動によって見る影も無く砕け散り、細かな破片となって、海の底へと沈んでいったのです。海上に後に残されたのは、火山の頂上部分だけでした。それ以外は全て、地球の表面から姿を消しました。道を誤った製造主にとっては、求め続けていた一度きりの実験結果がもたらされることになったのです。より大きな支配力を手にするため、追い求めていた『大量破壊』のエネルギー。ですが、その力によってアトランティスもろとも製造主は消滅していったのでした。

遠く沖合まで進んだ船にも、その大津波は襲い掛かってきました。百艇近くあった船のうち、わずか11艇が宿命を逃れて生き残りました。この惑星の新たな先進文明の種を蒔く者になったのが、この時生き残った彼らなのです。

惑星地球にとって、とても悲しく辛い時代でした。ですが、この本を読まれている方々の意識の中に、アトランティスはまだ生きているのです。だからアトランティスの死を忘れたり、嘆いたりなさらなくとも良いのですよ。念を押させていただきたいのですが、アトランティスは実在していました。その最後の時がはるか昔のことなので、人々は忘れ去ってしまっただけです。アトランティスの最期からは、私達は多くの教訓を得ることができます。私達が生きているこの時代、皆様は究極の試練に直面することになるでしょう。今回の試練は、惑星の一部ではなく、惑星全体の命運がかかっているのですから。

遠い昔のあの時代、製造主の一員だった人にとっては特に強い教訓となったでしょう。今回こそは、自分達が刻みつけた傷痕を癒してみてはいかがでしょうか？　いま直面しているその機会は、もうまたと来ない一度きりの機会なのです。アトランティスを陥落させるほどの間違った信念体系を、また繰り返すほどの時間は残されていないはずです。知性と感性の、正しい調和を見つけ出していただきたいです。もうアトランティス時代の驕りは手放して、今は思いやりの心を育みましょう。その心は人類のためだけでなく、地球上の生きとし生けるもの全てに向けましょう。全てが手遅れになる前に。

この本を読んでいただいている方々は、いま生きているこの時代がアトランティスの末期と酷似していることにお気づきでしょう。今は過去を作り替えるチャンスなのです。より正しい方向へ。破滅の使者になるのではなく、今回は癒しの担い手に。地球意識を、一元性〈ワンネス〉そのものへと移行させましょう。その鍵を握るのは、誰か特定の個人ではなく、地球上にいる私達全員なのです。

さあ、あなたならどの道を選択しますか？

第27章　霊のつながり、この惑星に仕える者への融合

さて、このお話にはまだ続きがあります。いいえ、終わりなど無いのです。私達の伝説には、まだ大事な要素が欠けています。それが無ければ、物語全体を完成させることができないのです。ここまでは長い時間を飛び飛びでお話してきましたが、ここからは特定の時代に留まってお話していきたいと思います。場所はエジプト。ソラナとナムアニが初めてその地に足を踏み入れたところからです。

エジプト上陸後、彼らはアヌと呼ばれた場所に定住をしました。（後にヘリオポリスや光の都市と呼ばれた場所です。）ソラナとナムアニ、その他のアトランティス人の脱出者たちは、そこをたまたま通りかかった遊牧民たちと交流し、早くも友好的な関係を築くに至りました。遊牧民たちも、海からやって来た異邦人たちを初めて見た時は驚き、少し警戒していたものの、すぐに好奇心の方が勝ったようで、打ち解けていったのでした。しかも、ソラナたちは見事な造りの大理石の道具などを遊牧民たちに贈り、彼らもそれを喜んで受け取りました。何しろ、そんなすご

い技術で造られたものを見たことが無かったのですから！　ソラナら異邦人たちは、まるで天の使いであるかのように崇められ、敬意をもってその地に迎えられることになったのです。

アトランティスの生存者たちは、そこにアヌ神殿を建造しました。そこはAN神の教えの中心地となりました。AN神とは、太陽と月が合体した図をその象徴としていました。それに続いて、美しい寺院やピラミッドなどが先進的な技術を使って次々と建てられていきました。国が繁栄していくと、下エジプトとして知られる地に住んでいた神々しい存在たちが、その国をたびたび訪れるようになってきました。（その存在たちの中には初期アトランティスの植民地時代に活躍した者や、星天から来た者もいました。）

文明が驚愕の発展を遂げていく一方で、ソラナはずっと彼の双子の魂であるソルナを待ち続けていました。そういう約束でしたから。しかし、彼女は一向に現れる気配がありませんでした。時間だけがどんどん過ぎていき、彼の心も孤独の痛みに苛まれることが増えていきました。それでもソラナは決してソルナを諦めることはしませんでした。いつか再会できることを信じて、彼は頑張り続けました。

そうして、何年もの年月が経ちました。ナムアニはソラナの内側で膨らみ続けていた悲しみと困惑を心配していました。そこで、一度彼をプタハの神殿へ連れていくことにしたのです。近くのメンフィスの街にあるその神殿には、偉大な神プタハその人がいたので、ソルナの居所を尋ねてみようとしたのです。こうして彼らはプタハに実際に会う機会を得た後、ソラナはその質問をしてみました。

偉大なプタハ神よ、ここに私からも敬意を表させていただきます。彼は純潔で高貴な智慧と慈悲心をもって、静かにソラナの話に耳を傾けていました。(プタハもきっと星天存在なのでしょうね。)

ソラナが話し終わると、黄金の王座に腰かけたプタハが語り始めました。「貴方が今お話いただいた娘は、貴方が此の地の岸辺に辿り着いた時から、ここにこうして貴方と共に居るではありませんか」

ソラナには彼が何を言っているのか解らず、混乱しました。

プタハは笑みを浮かべてから、再び語り始めました。「アヌの地に赴きなさい。そして、一つの月の周期が過ぎた頃、此処へ戻っておいで。貴方にとっての選ばれしその女性が、貴方の到着を待っていることでしょう。尤も、一つだけ条件を課すことにします。アトランティスの巫女ナムアニは、ここに余と残ります。彼女は儀式に必要ですから」

プタハ神の突然の要望に驚きましたが、ナムアニはそこに残ることに合意しました。アヌに戻る道中、ソラナの困惑はますます大きくなるばかりでした。メンフィスでは平穏な日々が過ぎていきました。ナムアニは神殿内で丁重なおもてなしを受けて過ごしていました。

神殿に留まって4日目の朝、彼女はプタハの謁見の間に呼ばれました。ナムアニを迎えたプタハは、儀式用のローブを着ていました。白色と赤色を基調として、金色のシンボルで装飾された豪華な衣装です。手に持った杖を振るい、ナムアニに座るように指示をしました。この時ナムアニは、プタハの大きくて切れ長の眼の瞳が、非常に明るい空色をしていることに気づきました。

その崇高な目でナムアニを見つめたプタハが、彼女に告げました。「アズトランの娘ナムアニ。貴女にはある儀式〈イニシエーション〉を通過してもらいます。此処のピラミッドには、ある小部屋が隠されています。そこで一晩、独りで過ごしてもらいましょう。一夜にして、貴女の人生を根本から変える出来事が起きるでしょう。貴女の真実の目に覆いかぶさっていた全ての幕が取り払われ、多くを知ることになります。どうか恐れないでください。貴女にはその資格があります。だからこそ、貴女は選ばれたのです」

火のついた松明を手に、プタハは地中深くに続いているトンネルを案内しました。これから起きることに対して若干の恐怖心が湧いてきましたが、プタハ神のことを信頼していましたし、強い勇気で恐怖を振り切っていきました。『どんなに困難な試練でも、乗り切ってみせる』そう彼女は固く決心していたのです。

どこまでも続いているかに思えたその下りトンネルも、今度は結構な角度で上向きに向かい始めました。ですが、その先には話に聞いていた秘密の小部屋がありました。そこには輝く大理石の石棺が置いてありましたが、それ以外には何もない部屋でした。プタハは言葉を発することなく、杖の動きによってナムアニがその石棺の中に横になるように指示をしました。その中で横になったナムアニの心臓は、耳を澄まさなくとも聞こえるくらいに大きな音を立てていました。プタハは手に持った松明を壁の燭台に置き、アンク〔「エジプト十字」とも呼ばれる古代エジプトの生命的宗教的象徴〕を彼女の身体に向けて、何やら詠唱を始めました。小部屋に深く、神秘的な音がこだまします。その詠唱は、即座にナムアニの高次の意識に直接働きかけ始めました。すると、プタハは松明を取ってそっと小部屋を後にしたのです。

部屋の中は完全に真っ暗闇になりました。そのままじっと横になったまま沈黙していましたが、彼女の精神の中ではプタハの詠唱がまだ繰り返し鳴り響いていていました。そして音は沈んでいき……小部屋は完全な静寂に包まれました。ここまで音が全く無い状態を、ナムアニはこれまでの人生で経験したことがありませんでした。彼女は、その巨大なピラミッドの中にいる存在は、彼女自身を置いて他にはいないということを、その静寂から知りました。同時に、これまで感じたことが無い程の孤独感が襲ってきました。ですが、それもつかの間のことでした。霊がそばに来ていたのを感じたからです。誰かの気配を、確かに感じたのです。横になったまま、暗闇を凝視していました。

するど突然、ある女性が目の前に現れたのです。いえ、女性では無いようです。それは、彼女の友人の、ソラナではありませんか。『なんだ、ソラナか』と一瞬安心したものの、『いいえ、違うわ』という違和感が襲ってきました。それは、ソラナではありません。やっぱり、それは女性だったのです。暗闇に映るその謎の人物を凝視します。

「あなたは、誰？」困惑した調子で、尋ねました。

「こんにちは、ナムアニ！　私はソルナ。ソラナが会いたがっているけれど、まだ見つけることができていない人よ」

「なぜ、私の前に現れてくれたのかしら？」

「あなたと私は、霊〈スピリット〉の繋がりがあるからよ。あなたは私という存在の古代の智慧を表し、私はあなたという存在の天使……星天界を表しているの」ソルナはさらさらと返答しました。

「でも、あなたはソラナの双子の魂〈ツイン・ソウル〉なのでしょう？　なぜ、私とも霊魂が連結しているの？」

ソルナは何か嬉しそうに微笑みました。その微笑みは、ナムアニの周りの暗闇を照らしました。

「霊のつながりと言っても、色々なかたちがあるわ。私とあなたは、同じ存在の一面に過ぎないの。それが一緒になって、例えば片方の足が過去に、もう片方の足が未来を同時に踏みしめることができる、とでも言えばいいのかしら。他にも、二人で天と地を一つに繋げることもできるわ。私にとって、この次元に個人として生きる時期はもう完了したのよ。だから、私個人としての経験は、もう終わったし、もうこの先無いの。アトランティスが沈んでからというもの、地球の密度の周波数形態が激変してしまって……惑星格子〈グリッド〉の構造も、大気成分も。だからもう、私のエネルギーがそこに存在し得ないというわけなのよ。ナムアニ、私達はね、元々一つの存在だったのよ。今こそ、一つに戻る時が来たの。バラバラになった自己を、一つの肉体へと戻しましょう」

ソルナは話を続けます。「それからね、私のようにエロヒム〈ヘブライ語聖書に登場する神名エルの複数形〉の天使界から来た霊〈スピリット〉は、地球の物質界にはもう存在できなくなってしまったの。全ては、アトランティスが格子機構から外れてしまったために、磁流密度が高くなってしまったから。それが切っ掛けとなって、AN王国も、サナト・クマラ〈ヒンドゥー教の神話に登場する賢人。神智学では世界君主として地球上全ての生物の進化を統括しているとされる〉のシャンバラ文明も、上級巫女アローラも、みんな物質界から姿を消してしまったのよ。でも今の私みたいに、霊の繋がりを辿ってここまで来ることはできるの。あなたは、私とは異なった具現化の方向性だけれど、元々は同じ本質から生じた存在なのだから。私が地球に残り続けることができるとすれば、それは私が私の天使としての起源を意識的に忘れてしまうというやり方があるわ。そしてここで意識を進化させていってから、星天に還る準備ができた時に全てを思い出し始めるようにすることなのよ」

「ソラナはどうなるの？　彼と融合すれば良かったのではなかったの？　なぜ、私と？」ナムアニは尋ねました。

「ソラナも私と同じ状況よ。彼も天界の同じところから来て、意識の内側では直接の繋がりを維持しているの。だから、他の霊のつながりを放っておいてソラナと私だけが融合した場合は、もう地球に戻ってこられなくなっちゃうの」ソルナは愛おしそうにゆっくりと返事をします。

「解らないわ。ソラナも、別の誰かと……霊のつながりがある人と融合しなければいけないということかしら？」

「その通りよ。と言っても、ソラナの場合はもう済ませているのだけれどね。彼がANにいた頃、その儀式も通過したのよ。今回、あなたと私が融合して、全く新しい一人の女性になるの。その女性は、私達一人一人では決して辿り着けないほどの規模の存在なのよ。ソラナは、自分では気づいていないかもしれないけれど、実は既に融合を果たした存在として、高次の自己を顕在化させているの。だから、彼は今世において、それまでは不可能だったいくつもの偉業を達成できたのよ。だからね、あなたと私、そしてソラナと彼の霊のつながり、そして皆はいつか一つになるの。最後は、故郷に還るための乗り物を創り出すことになるのよ！　どう、解るかしら？」

「そうね、何とか解ってきたわ」ナムアニは答えました。会話をしているうちに、ソルナとの間に深い絆を感じてきたのでした。それは、ソラナとの間に感じていたものと同じであることにも気づきました。姉妹のような感じ？　いえ、それは血縁関係を超えた関係性……二人の間の本質が、同じなのだということでした。「二人が一つになると、お互いの記憶はどうなるのかしら？」

「私達の個人としての記憶となって残り続けるわ。例えば、あなたが5000年前の転生で起きた出来事が、私にとっても起きた出来事になるというわけよ。(私達が気づいていないだけで、実はそれは万人に起きています。) つまり、二人分の記憶と知識を持った一人になるのね。まあ、私達は同時代を個人として生きていた期間があったから、結構混乱するかもしれないけどね！フフフ」ソルナが友人のように返事をしました。ソルナも、この会話を通してナムアニのことを好きになったようでした。

ナムアニはここまでで伝えられた真実を理解しようと努めます。「霊のつながりというものがこの世に存在しているなんて、知らなかったわ。じゃあ私達、どうすれば融合できるのか教えてもらえるかしら？」

「ええ、それには一度の満月周期を経る必要があるの。プタハが4晩ごとにあなたをここに連れてくることになるわ。変容は、ソラナがここに私達を迎えに来るまでには完了するはずよ。さあ、この歌を一緒に歌いましょう。変容の過程を手伝ってくれるから」ソラナが透明な歌声で歌い始めます。「ネチュラ、ナターラ、イマボテック」それらの言葉が繰り返し歌われ、まどろんでいたナムアニは次第に体が宙に浮き上がってくるのを感じました。

ソルナとナムアニは一緒に天空に舞い上がりました。そこには、天空の女神ヌト〈古代エジプトのヘリオポリス神話の天空の女神。大地の神ゲブとの間に、オシリス、イシス、セト、ネフティスをもうけたとされる〉がいる星天界でした。二人は更に高く舞い上がり、女神の大きな体よりも高く飛び、銀河の風に乗りました。ナムアニが視た星天には、どこもかしこも全部自分自身が映っていました。まるで、自分という『星〈スター〉』を映し出す巨大な大きな鏡を見ているようです。

そして、彼女は理解しました。これは全部、彼女が創り出したものなのだということを。ここにある星は全部、彼女自身という星なのだということを。全宇宙が、一つの白く光り輝く星の鏡像であり、彼女がその唯一の星そのものなのだということを！　彼女と他の全ての境界線が無くなりました。全ては同じだった。全ては一なる存在だったのです！　天界は至上の明瞭な光を、無限に放っています。

ナムアニがピラミッドに入る度、このような体験が繰り返し起きました。プタハが小部屋を出る度に、完全な暗闇の中、はやくソルナが現れてくれないかとワクワクしながら待っていました。今度もまた、あの歌を歌い始めました。「ネチュラ、ナターラ、イマボテック」

もう一度、二人は上昇して一なる星に溶け込んでいきました。そしていくつもの側面がある宇宙に飛び出します。ですが、その宇宙は鏡像です。真実は、そこにはたった一つの星があるだけなのでした。

この体験をする度に、ナムアニはソルナと溶け合っていくのを感じました。そしてゆっくりと、彼女らは一人の新しい女性を形成していきました。これまで別れていた二人が、一人だけでは決して辿り着けなかったであろう、「彼女」になろうとしています。

あっという間に何週間も過ぎて、ついにイニシエーションが完了した朝がやってきました。松明を手にピラミッドに入ったプタハは、その女性がまどろんでいるところにアンクと杖を向けて、祈りの言葉を唱え始めました。「目覚めよ我らが娘。来たれ、貴女の朝!」

そして、彼女は目覚めました。眼を開け、自分の身体にとても驚きます。彼女はもう、ナムアニでもソルナでもない、新しい女性になっていたのです。ですが、どちらの面影も残っています。再誕したばかりの彼女は、以前よりも明らかに聡明で、自分の中に多くの智慧を宿していることに気づきました。優雅な動きでスッと立ち上がると、プタハの後に続いてピラミッドの外から見える朝日の方へ歩いていきました。

神殿ではソラナが焦れったそうに待っていました。面会予定時間ピッタリに、プタハが神殿に入ってきました。傍らには、非常に美しい女性がいます。どこかで見たことがある、けれど全く新しい本質の光を放っている女性。ソラナは彼女を見て、唖然としていました。その女性は溢れ出る品格をもって、女神のように優雅な足の運びでソラナの方に近づいてきました。途端、ソラナは畏まってしまい、思わず丁寧なお辞儀をしました。女性も懐かしそうに笑みを浮かべながら、お辞儀を返しました。二人の顔が赤くなりました。急に感じてきたくすぐったいような気恥ずかしさの正体は、実は溢れ出てきた感動と興奮だったのです。

しばしの間続いた沈黙を、ソラナが破りました。感動と愛情あふれる声で。「ソルナ？　それともナムアニ？　違うよね。いや、失礼しました。僕には解る。君は、どちらの女性でもない。二人の女性が合わさって完成した女性なんだね。愛する女性〈ひと〉よ。君のことは、夢で視ていたよ。君がもう片方の翼。僕という片方の翼だけでは飛べない。やっと逢えた。僕の一真愛〈ワン・トゥルー・ラヴ〉だ」ソラナは再び沈黙し、女性の輝く緑色の瞳を見つめました。その目は完璧な光を放っていて、その微笑みは太陽千個分より明るくて……彼がその光へと手を伸ばすと、彼女はその手をとり、自身の唇に触れさせました。

プタハ神が前に出て、二人の前に堂々たる存在感を見せました。その三人へ向けて、神殿の屋根の上から黄金の光の柱が降りてきました。強力な光の柱が三人を包みます。柱からは、黄金の光の鼓動が聴こえます。三人はその鼓動を、自分自身の本質核を通して聴き入っています。時間が停止し、彼らは黄金の光線へと溶け込んでいきました。

やがて、光の柱がゆっくりと消散していくと、浄化されて生まれ変わった存在となった三人が現れました。プタハが杖を掲げて、深い声で宣言しました。「あなた方はここに、太陽の執権に任命されました。天もあなた方の統一を祝福しています。その一元性の光で、二元性と分離の幻を照らすため、さあお行きなさい」

再生された男女は見つめ合い、深い愛と繋がりを確かめ合いました。まだ黄金の光の鼓動を感じていました。お世話になった偉大なプタハ神に深くお礼を言って、二人は手を繋いで、神殿を出発したのでした。

＊　＊　＊　＊　＊

ソラナと彼の一真愛がついに出会い、至高の目的へと貢献した場面でした。

二人は大きな周期の始まりと終わりにしか一緒になることはありませんので、そこからはこの時代になるまで、もう一緒になることはできないという意味です。今、あなたがこれを読んでいるまさにこの瞬間、彼らは「最後の完成」に向けて一緒になっていくところなのです。

そして、ナムアニとソラナは幸せのうちに融合して、彼女らの本質核は一つに溶け合い、一なる者としてこの惑星に仕えることになったのです。

第28章　覚醒のアルタザール

その男は一人、佇んでいました。静かに見渡している風景は、熱風と塵が吹き荒れる大地です。彼は今、こうして一人旅をしているようです。六か月間の間、様々な場所を訪れてきましたが、それでも確定的なことはこれといって思い出すことはありませんでした。それでも彼には解っていたことが一つあります。それは、この旅を最後まで終わらせる必要があるということです。しかし、どれだけ歩いても、彼は自分が何を探し求めているのかが解らないでいました。解らずとも、感じるものはあったのですが。遠い過去の時代に体験した、その記憶が押し寄せてくる気がするのを。

最初に旅した地は、ペルーでした。自分の記憶の奥底に、クスコやマチュピチュなどが眠っている気がしたのです。次の旅はイキトスへ、その次はプエルト・マルドナドの密林深くに住む原住民たちを訪ねて。ですが、一体何のために？『見覚えがある顔があるかもしれない』『記憶の彼方に隠されてきた、あの人がいるかもしれない』うだるような蒸し暑さの中でも、彼はなぜだか安心感を覚えていました。しかし、いつも何かが、記憶が呼び覚まされるのを妨害しているような気がしてなりませんでした。

今度は電車に乗ってチチカカ湖に向かいます。物憂げに席に座った彼の周りに、多くの乗客たちが詰め寄ってきます。プーノ市に着くと、チチカカ湖の青い湖面が見えてきました。その綺麗な景色を見ていると、なぜだか彼の気分を沈めます。その夜遅く、彼は休まず歩き続け、チチカカ湖の岸辺にまで辿り着きました。クスコの市場で購入したマゼンタ色の手織りのポンチョが、巻きあがる風ではためいています。

その後、旅人はボリビアにあるティワナク遺跡にどうしても行きたくなりました。湖の南端すぐ近くにあります。タクシーを拾って、長い行程を進んでから、彼はお昼前くらいになってその古代遺跡で降ろしてもらいました。車を降りると、突然恐怖の感情が彼を襲ってきました。あまりの恐怖感に飛び上がって、引き返そうかとも思いました。しかし、それでも行かなければならないという気持ちがあり、前に進むことにしたのです。ゆっくりと、着実に、彼はかつて神殿だった遺跡の磁力に引き付けられて進んでゆきました。

『ここのことは思い出したくも無い。最悪の記憶だ。……あれから時間も経ち風化も激しく、人間によって破壊されたのだろうか。当時の面影はもうほとんど残っていないな』記憶の中で、誰かが目を覚ましたような気がしました。少しずつ、その時のことを思い出せそうです。急な坂を慎重に進みながら、有名な『太陽の門』に辿り着きました。ここはそう、4本指の両手で一対の笏を掲げていたのを見た場所であり、アルタザールが涙に暮れた、その場所だったのです。

しばらく眺めていると、彼のポンチョの端がチョイと引かれたのを感じました。驚いて下を見ると、そこには痩せた少女が立っていて、彼は驚きました。彼女のおさげは乱れていて、その大きな黒い瞳で彼をまっすぐ見つめていました。その目からは、何か深い知性のようなものが感じられました。

「おじさん、どうかしたの？」彼女は簡単なスペイン語で話しかけてきました。「悲しいことなんてないのよ。ティワナクはそのやくめを終えて、みんなおうちに帰ったのよ」女の子は人差し指で空を指して、そう言いました。「あの人たちが私たちのご先祖様で、良かったわ。だって、いつかまた、私たちもそこであの人たちに会えるんだって、ひいおばあちゃんが言っていたわ」

少女は笑顔で、少し嬉しそうに彼のポンチョをクイクイ引きながら喋りました。「さっき、おじさん泣いてたでしょ？　たぶん、おじさんのご先祖様でもあるのよ。でも泣かないでいいのよ。

みんなお空で、よろこんでいるんだから。それに今日はいいお天気で、太陽お父さんがとても明るく光っているわ。私たちはまだ生きているのね！」

アルタザールは少女の小さな手を優しくとって、歩き始めました。神殿跡の壁を見つけると、そこに二人で腰かけました。頬を濡らしていた最後の涙を拭って、彼は少女に感謝しました。

「ここには良い思い出ばかりではないけれど、ティワナクがこんなに壊されてしまったのを見て、なんだかとても悲しくなったんだ。昔は、とても美しい場所だったのに」

「でもね、おじさん。ここを壊したのは私たち自身だったのよ。そして、残った石を使っておうちや教会を建てたの。間違ってはいなかったわ。だって、みんなそれで喜んでいたもの。それに、ティワナクのことは永遠にヒミツになったわ。思いだした人以外にとってはね」

アルタザールは少女の大きな眼の底を見つめていると、悲しみに沈んでいた心に微かな光が差し込んでくる感じがしました。

その時、神殿跡の反対側のほうから、少女を呼ぶ少年の声が聴こえました。地元のアイマラ語のようです。少女は声を聞いて飛び上がって、言いました。「お兄ちゃんだわ。私、もう行かないと。観光客にお土産を売りにいくのよ。あ、そうだわ。これ、おじさんにあげるね。今日のキネンに」

彼女は小さな何かを彼の両手に置きました。

「待って、君のお名前を教えてくれないか？」その女の子が去ってしまう前に、アルタザールは訊きました。

「ムーリタよ。小さいムー・ラという意味。じゃあねー、おじさん！」そう言い残すと、走っていってしまいました。

アルタザールは握りしめていた手の指を、ゆっくりとほどきました。そこにはラマ〈アンデスに生息するラクダ科の動物〉の形に彫られた白い石がありました。よく見ると、そこには小さな紋章が彫られています。太陽の上に三日月が描かれていました。

＊　＊　＊　＊　＊

それから数週間後、彼はイースター島へと向かう船の上にいました。景色を見渡すことができる開けた甲板に立ったアルタザールの視界に、大きな石の守護神の姿が入ってきました。

途端、彼は唐突に歌いたくなったのでした。両手を高く掲げ、なにかを求めるように、失われた言語で彼は歌いました。周りからクスクスと笑い声が聴こえてきます。彼は恥ずかしさで歌を止めて、胸の内で燃えていた炎を押さえつけようとしました。

上陸後の数日間は、ずっとこの魅力的な島を探索していました。どこを訪れても、彼は驚くほどの懐かしさを感じていたのです。とくにオロンゴ村のクレーターの崖に立って見下ろした景色を見た時には、かつて港に浮かんでいた藁製の小舟の鮮明な映像が視えたほどです。

「俺の友達、ソラナはどこに行ったんだろう？」思わず自分の口から漏れた言葉に驚きます。過去の傷痕を癒そうとしているのでしょうか？

＊　＊　＊　＊　＊

一人旅はまだまだ続きました。最後の目的地としてとっておいたのは、オーストラリアでした。上陸したアルタザールは、真っすぐに北へと向かいました。かつてアーナヘムと呼ばれた地へ……。

途中何人かの人と話すくらいで、旅のほとんどは一人で過ごしていました。そうして、出来る限りの時間を探索に使っていたのです。しかし、彼の記憶の中の国土と、実際に眼で見る景色には相違がありました。過去、そこの土地そのものに、大異変があったということが分かります。

昔の面影が残っていたのは、東にある熱帯雨林だけでした。アルタザールは、遠くから見えていた霧のかかった青い山に向かいました。神秘的なその山を登っていく途中、黒いヘビなどの野生動物にも出くわしましたが、彼は恐れず前に進んでいきました。実は、自分には決して襲い掛かってこないということを、心のどこかで知っていたということもありました。

アルタザールとはどんな人物だったのか、そのことを少しずつですが知るようになっていきました。

熱帯雨林の中で独り、彼は真実を受け止めることができるほどに平穏さを取り戻してきたのです。

アルタザールは、自分自身であったことを。

それを認めた瞬間の、あの感動、解放感は筆舌に尽くしがたいものでした。実はそれを感じるに至るまでは簡単な道のりではありませんでした。まずは自分の周りから人々を遠ざけて、自然の中で慈しまれる必要があったのだということも学びました。

その日の終わり、彼はアリススプリングスという都市に突き当たりました。彼はそこで訪れた宿の、簡素なベッドと朝食付きの一部屋で一晩を過ごすことにしました。

次の日、彼はウルル〔エアーズロックの名称で知られるカタジュタ国立公園内にある世界最大の一枚岩〕に向かう道中にいました。その滑らかな波のようにうねる赤い一枚岩を見た彼は、再び蘇った記憶に感動し、その場に伏して涙を流しました。

宿に戻った彼は、部屋の机に座って何かを考えている様子でした。

星空の下、彼は自分の妻ディアンドラへの手紙を書いていたのでした。

はるか遠くの海の向こうに置き去りにしてしまった、最愛の妻ディアンドラ。今更何を言えばいいのか、彼には解りません。

心が痛みます。ずっと彼女に関する全てを後悔して、感じてきた心の痛みでした。自分にはもう、彼女と一緒になる資格など無いと思いながら。彼女は彼女自身であったこと、彼女は完璧にディアンドラであったこと、彼女は自分の力を主張できていたことを思い出しながら。

二人で一緒に踊ったあの時の思い出が蘇ります。出会ったのは確か、4年前。まだそんなに最近なのかと、少し驚きます。初めて会った時から、二人の間には不思議な導きがありました。ですが、二人の繋がりの秘密を思い出し始めるには、長い時間が必要だったのです。

そして二人が結婚したその日、記憶が急に蘇り始めたのです。

それからというものの、ディアンドラは日に日に美しくなっていき、開花が始まったのでした。彼らの家では珍しいオウムを飼い始め、綺麗なクジャクの羽根などが飾られていきました。

そして、その瞬間は訪れました。二人は自分自身の壮麗な系譜を知ることになったのです。その時から、彼らはもうただの現代人では無くなりました。二人が真に結ばれた瞬間だったのです。古代の時代に育んだ愛と智慧が、現代に蘇ったのです。それは至福の瞬間で、日常のお互いの人格の問題などもう気にならなくなってしまったほどでした。

しかし、自分自身の真実についての見解の違いが現れてからは、二人の関係性の雲行きが怪しくなっていったのです。ディアンドラはここで、心を開いて前に進むことができました。だから、急速に成長していったのです。『本当の私〈ディアンドラ〉でいたい』その願いを持っていたからこその変容でした。そして、それ以上に重要な物事などは彼女にとって無かったのです。彼女は成長し、進化し続け、そして彼も自分と本当に対等な存在なのだから、そのようになってほしいと願ったのです。

ここがアルタザールが躓いてしまったところでした。もちろん彼は、自分がどんな存在なのかを知っていました。ですが、自分から進んでその存在になりたいと願っているかどうかは、はっきりとしないままだったのです。そうです、前回はアルタザールとして生きていたら、最後に災難が待ち受けていました。忘れたくても忘れられない、最悪の人生展開だったのです。それを考えると、彼は本当の彼自身になりたいのかどうか、解らなくなってしまったのです。

それからというものの、彼は自分を閉じてしまい、本当の自分を否定し、開きそうになると頑なに抗うようになってしまったのでした。

二人の関係は行き詰ってしまいました。

ディアンドラは云いました。「私が共に生きたいのはアルタザールであって、彼の殻ではないのよ」

結婚生活を続けるのなら、本当のアルタザールが時々ちらつくだけの相手とでは、耐えられなかったのです。

彼も大変悩みました。「ディアンドラを失いたくない。もう二度と、あの時のようには……でも、怖いんだ。本当の自分を視るのが」

もちろん、心の奥底ではディアンドラが正しいということは解っていたのです。そして、彼女の結婚相手として、自分が本当の自分になる他に道は残されていないのだということを。

悩みぬいた挙句、アルタザールはこの一人旅を提案したのでした。今は二人離れて、一人の時間を持った方が賢明だと。そうすれば、もっと色々なことが判ってくるはずだと。

彼女が空港まで彼を見送りに行った時、もしかしたらこれが二人が会う最後の時になるかもしれないと思いました。彼女は泣いて、彼を抱きしめました。彼も泣きそうになりましたが、それを堪えました。そして世界一愛している女性に、「さようなら」を言って去っていったのです。

結果的に、旅は成功したと言えましょう。彼は無事、覚醒したのです。癒されることの無かった傷が残る場所を再度訪れて、感じている罪悪感を直視することができました。そして、その多くが手放されていきました。

彼はようやく、「自分は何者なのか」という問いに答えることができるようになったのです。

ここで、新たな問いも次々に浮上してきます。

『では、その本当の自分に「なれる」のか?』

『ディアンドラ以外にも、本当の自分を見せられるのか?』

『やってみたフリをして、何も起きなかったことにすればいいんじゃないか?』

『もしかして、広大なオーストラリアで音信不通にでもなれば、楽になれるのかも』

人生の帰路に立ち、悩んでいたアルタザールは、ふと窓の外を見ました。夕日が沈んでいくのが見えます。部屋に響くのは、時計の針がカチコチ鳴る音だけ。ここに時間は存在しているのだと、しつこく主張してきます。

ゆっくりと、夕日は地平彼方に沈んでいきました。もう、先ほどまでの栄光の夕日はありません。部屋には暗闇が入り込んできます。時計の針は機械的に鳴り続けます。

部屋の中には何も、変化はありませんでした。ただ一つ、月の光が差し込む部屋で独り、静かに呼吸をし続けるこの男性を除いて。

決断の時が迫っていました。

夜0時を回る頃でしょうか。部屋の明かりが灯りました。

アルタザールはペンを取り、

手紙を書き始めたのです……

結晶山の隠者より　結びの言葉

　この物語も、そろそろ完成の時を迎えそうです。ですが、完成＝結末とは何でしょう？　お読みいただいた方々の質問が聴こえてくるようです。「あの人はどうなったの？　彼女のその後は？」秘密にしたまま物語を終わらせるつもりは毛頭ございません。この隠者も、物語がようやく完結し、解放される瞬間を求めてきたのです。そうすれば、私が永らく務めてきた、惑星地球での『視る』任務から解放されることになるのですから。

『アルタザールの伝説』を語る間、数々の傑物の体験について触れてきましたが、やはり彼らのその後について、気になられているはずでしょう。そこで、彼らの記録を並べてみることにいたしましょう。各人物について、私から皆様に共有できる限りの情報を簡潔に述べさせていただきます。

　それと念を押させていただきますが、これは実話を拾い上げて形作った、一かけらの物語に過ぎません。当然のことですが、本当の歴史の中で登場する無数の人物やそれぞれの物語を細々と話していてはきりがないからです。真の歴史には、結末はありません。それは、皆様が各自で見つけ出すものです。少なくとも、この物語一つをお読みいただいただけでも、皆様の中で眠っていた記憶を呼び覚ます切っ掛けとなったのではありませんでしょうか？ 現代には、この物語で語られた歴史は、明確な記録としては残っていません。ですから、この本の中だけに収まるような小さなお話ではありますが、皆様にとって本当の歴史を完成させるためのお手伝いができるかもしれません。歴史の全体像とは、かくも大きなものなのですね。

『期間』の原理を理解することが大事になります。物事には周期というものがあります。行ったり来たり、出たり入ったり、充満したり空になったり。期間とは、それらが持続する期間のことです。昇ったり降りたりしているように見えるそれは、実はただの幻です。真実は、永遠の『いま、ここ』しか無いのです。

太陽、月、星々を見上げてみてください。自然が季節ごとに周期的に移ろっていくのを観察してみましょう。周期は、実は螺旋状なのです。万物は全てが始まった場所に戻っていきますが、戻る時には常に、以前よりも高いところに行きつくのです。進化の階段を、そうして一段ずつ昇っていきます。

結晶〈クリスタル〉の内部構造にも、螺旋が見られますね。つまり、この惑星の本当の歴史についての本当の知識は、結晶の中に保存されているということです。今世で経験できるよりもずっと長い歴史と深い智慧が、その中に埋め込まれているのです。これもいわば星の種〈スター・シード〉と言えるでしょうか。この世には不可視の世界の方がずっと深く続いていて、未知の部分は多いのです。結晶はエネルギーの送受信にも使用できます。結晶に心を開けば、彼らも秘密を打ち明けてくれるでしょう。しかしながら、究極的にはそれらを含む外界のものは一切手放して、『真の自分』になっていくことでしょう。

この物語の中で語られた人物たちも、語られることのなかった者たちも、皆全て真の自分になるという聖なる道程にいるのです。惑星上での、次の段階の任務のために、自分自身の結晶体、即ち光体〈ライト・ボディ〉という名のダイヤモンドを創り出すことが重要となります。

それを創り出すには、自分の内側で星天と大地を完全に融合させる必要があります。これが形成の過程のひとつだからです。この変化が加速している時代、日常生活の中で急にエネルギーが高まることがあります。皆様という微粒子は、その影響で随分と大きな変容を経験されているのではないでしょうか？

結晶の尖った先端部は矢じりとして、本当の行動という名の弓のために用意されています。この地球上にいる皆様は、それぞれこの弓矢を持って生まれたのだということをご存知でしたでしょうか？　そして、日々の生活の中で、様々な種類の結晶の矢を放っているのです。その放たれた矢は、皆様の行動、反応、態度、思考、感性の方向性と響きを決定づけているのです。その矢の響きを通して、皆様はどのエネルギーを誰と共有するか、常に選んで生きているのです。皆様はその矢を放つことで、ご自身の未来を創り出しているということです！

この惑星に自らの意志で愛の奉仕へとその身を捧げた者たち。そのほとんどは高度に進化した存在でした。彼らはここに生まれる時、もう一つ別の矢筒を持ってきました。その矢筒の中にある矢は特別な水晶の矢じりがついているのです。これを『真の運命の矢』と呼びましょう。この矢は、彼らがこの惑星に肉体を持って降りてきた際に課された任務の、目標を表しています。真の意味で任務を完了するため、そしてその後に起きるであろう『二元性の枠組み』からの解放のため、それらの特別な水晶の矢は放たれなければならないのです。

彼ら光の柱が人間界（時間、空間、物質の3次元世界）へと降りて行ったのだから、地球上での長い長い転生の旅からの解放はいつか絶対にやってきます。時間が始まった時からここで任務を続けている者も多くいます。彼らもじきにこの惑星から解放されることになります。彼らは今、一元性意識へと帰還する旅への準備をしているのです。強いホームシック、疲労、落胆、そして孤独にずっと耐えてきた彼らですが、その神聖な目的を諦めることは決してしませんでした。志願者として来てみたものの、この大きな密度のエネルギー周波数の中で数えきれないほどの転生を経てきたことは、決して楽なことではありませんでした。何度も苦しみぬいて、身を粉にして働いてきました。そしてついに、帰宅命令が聴こえてきたのですから。この惑星上の人生最後の大仕事の始まりです。

大いなる勇気と不動の意志を持ち、奉仕しつづけてくれる魂たちへ、私はここに敬意を持ってお礼を言わせていただきます。

さて、これより物語の登場人物たちの記録を記していきます。

＊　＊　＊　＊　＊

アカ・カパック（Aka-Kapac）

夜明けを歩む者。アリオン恒星系からの地球植民地化の時代に地球に来た古参です。初期レムリア時代、彼は『タナ』として歴史上に姿を現しました。古代中国でも仙人として現れたことがありました。ANの息子の一人でもあり、ペルーにあったインカ文明の創始にも携わりました。その文明は、現代の歴史学で教えられているよりも長い歴史がありました。アカ・カパックとナムアニは何度かの転生で結ばれたことがありました。彼らの関係はアリオン恒星系の時代まで遡ることができます。彼らは二人で一緒に地球に来ることを決意したという経緯があったのです。現代ではトルコ人将校の息子として生を受けました。ある年のインティ・ライミ夏至祭〔インティ神を祭るインカ帝国の宗教的儀式〕の時に、彼はロンドンでナムアニと接触をしました。この出会いの目的は、彼女の再覚醒にありました。彼女は覚醒に成功しましたが、当時の彼女にとっては急激すぎる変容となりました。（これは珍しい出来事ではなく、地球上で自分より高度な意識を持つ人と出会うことで自分の成長と目覚めを加速化することは度々起こります。その時媒体となるのが、過去世で深い繋がりを持つ人物なのです。）

現在のアカ・カパックの居場所は不明です。もしかしたら、この物語を読んでから表に出てくるかもしれませんし、それか身を隠すことを選ぶかもしれません。どちらを選択するかは、彼次第です。彼ほど長く地球での任務を務め、高度な段階にまで到達した人物ならば、これから余程の試練が待っていない限りは、無事に完成の時を迎えてシアンへと戻ることができるでしょう。

＊　＊　＊　＊　＊

アローラ（Alorah）

伴侶のロールと一緒に、彼らはローリアンの系譜の創始者となりました。見た目は人間に似ていますが、アローラは完全な地球人ではありませんでした。

彼女の任務は、アトランティスの始まりから終わりまで彼女の人生を捧げることでした。創造的ヒーリングの智慧、オラリン寺院は彼女が創設しました。アトランティスの歴史は長くとも、最も影響のあった寺院の一つとして残り続けました。彼女のイニシエーションを受けた者の人数は計り知れないほど多いです。この物語の中では、アヴァリン、ディアンドラ、ナムアニ、ノヴァスナ、それからソルナが彼女の寺院の巫女でした。巫女たちの多くは現代にも転生をしてきています。全員が今でもアローラのことを覚えているわけではありませんが、テレパシー的な交信によって姉妹たちは強い絆を維持されています。

彼女は惑星間委員会の委員でもあり、特に太陽系内の女性原理のエネルギーに関すること全般を監督しています。近年、人類の歴史に出現した高密度の暗黒時代の波動によって汚され、歪められている『女神のエネルギー』を調整および浄化することに注力しているところです。それを成功させるには、男性性と女性性に再調和がもたらされる必要があります。両性ともに平等な力を与えられることができれば、最後には対等な存在としてお互いに結び付くことができるようになるからです。男神と女神が真に平等になるとき、女神エネルギーが復活するのです。そして、神聖な合体はその後ようやく成就します。

アローラがこれから物質界に肉体をもって転生することは考えにくいことです。地球の進化を推し進めるのはアローラではなく、転生した彼女の巫女たちだと考えられているからです。彼女の教えを受け、それを実践し、これまで二元性の世界を旅してきましたが、その螺旋状の周期の終着点はやがてアローラ本人へと回帰します。巫女たちにとっての終着点、それはアローラにとっての新たな始発点となります。ここでアローラはようやく現在の任務から解放され、次の段階へと進めるようになるのです。

＊　＊　＊　＊　＊

アルタザール（Altazar）

嗚呼、愛しのアルタザール……あなたが全身に受けている、その愛に気づいてくれるだけでいいのに！

この古参の魂は、アルデバラン星系の出身です。

南米のアカマ部族の一員としての人生を終え、その後の転生でも、彼は極力感傷的にならないような人生を送る『処世術』を身につけていったようです。そうすれば過去世を思い出して悩む必要が無くなると思っていたからです。例えばインドで裕福な王家の王子に生まれ変わってから、自分の高貴な身分や俗世を捨ててサドゥー〔ヒンドゥー教の放浪の聖人のこと〕になる道を探求して、現実世界への一切の愛着を手放してマーヤーの幻影〔インド哲学に現れる概念で、この現実世界は真実の世界を覆い隠している幻影であるという意味で用いられる〕から抜け出そうと試みたこともありました。しかし現世への執着を手放すとなると、必ず彼自身を直視する必要があったのです。やはりと言うか、それが彼にはできなかったことでした。ノヴァスナはある転生で彼の妹になって、彼の感情を試すための試金石となったことがありました。ここでも彼は、本当に彼女のことが好きだったのに、最後は彼女から離れていったのでした。

他にも特筆すべき人生は、アッシリア人として転生した時の人生でした。(哀れなアルタザールは、絶対に避けたいと思っている権力の座を生まれ持つ人生にばかり転生をしていったのです。) 彼は権力者一族の末っ子として生まれて、自分が指導者になることは無いと安心していたら、運命のいたずらによって上の兄たちが次々と病気や戦争で重症を負うことになってしまい、結果的にアルタザールが指導者として人々の上に立つことになってしまったのです。その結末はもうなんとなくご存知かもしれませんが、彼はその後すぐに、戦場で命を落とす羽目になってしまいました。

アルタザールは現代にも転生してきています。これまでの転生と同じように、うまく隠れてやり過ごそうと考えていたことでしょう。しかし、運命の時はやってきます。いつかこの物語の登場人物の中の誰かが、彼を見つけ出すことになるでしょう。彼は再び世に出てくることになります。彼は選択を迫られるでしょう。取れる選択肢はたった一つです。自分自身の力と本当の権力を認め、『本当の自分』を取り戻すことです。

我らがいと高き王が自ら表舞台に立ち、全ての罪悪感を断ち切ることができれば、これまでの転生での経験も全て無駄ではなかったということにも気づくでしょう。

真実は、彼は全く堕天などしていなかったということです。

忘却と見ない振りの連続であった長き旅には、本当の目的があったのです。彼が不死鳥〈フェニックス〉の如く再び舞い上がる時、人類の一部が彼と共に旅立つでしょう。レムリア人たちにとっての救世主となるのです。彼らの癒し、完成、そして自由を与えることができるのは、アルタザールをおいて他にありません。

＊　＊　＊　＊　＊

アニオン（Anion）

ナムアニとダヴォッドの息子です。アトランティスにあったエノーラ寺院で育ちました。彼は人工結晶盤で音楽を創り出す技術に長けていました。『製造主』の一員になったアニオンは、その才能を使って水晶状の物質を製造する専門家になりました。初めのうちはその物質で楽器を作ったり、舟や魚、動物の形に加工したりしていました。アニオンはとても頭が良くて、繊細で、純真無垢な若者でした。しかし、製造主の中には悪の道に魅入られてしまった者も潜んでおり、アニオンはその者たちの影響を受けてしまったのです。悪の者たちはアニオンを時に脅し、時に媚びへつらうことで、その創造力と技術力を破滅の魔術の開発につぎ込んでいったのです。

アトランティスから重要人物たちが方舟に乗って脱出した時、アニオンはその悪い仲間たちにそそのかされて、ヴァネル大師と『和平交渉』のための面会の機会を設けるように仕向けられました。悪者たちの裏の目的とは……アニオンとヴァネルを裏切ることでした。ヴァネルがアニオンのことを信頼していたことを知っていた彼らは、会議という名目でヴァネルを寺院の外へおびき寄せることができると謀ったのです。面会では予定していた通りにわざと議論を白熱させて、怒った者たちにヴァネルを攻撃させるように仕向けました。こうしてヴァネルはその場で惨殺されました。恐ろしくなったアニオンは大師を救出しようとしましたが、多勢に無勢でした。遅すぎたのです。

製造主の闇の計画の当事者となった彼はようやく目を覚まし、エノーラ寺院に駆け込みました。Z博士に協力を申し出る為でした。完成間近だったヴァネルの技術を使い、彼は音を使った技術をアトランティスを救うために使おうとしたのです。しかし、それが失敗の始まりでした。ヴァネルの遺した技術には、秘密の仕掛けが施されていたのです。その仕掛けが発動し、アトランティス最期の瞬間の引き金が引かれました。

さらにその時、Z博士は唐突に忽然と消えてしまったのです。その日、アニオンはひどく絶望し、動揺して何も解らなくなってしまいました。そして小さな舟を造って、それに乗って脱出を試みましたが、最後はアトランティス崩壊の波に飲まれていってしまったのでした。

次にアニオンが地球上に転生した時、彼は巫女アヴァリンの息子として、ドルイドたち〈ガリア・イギリスにおいて古代ケルト民族が創始した社会における祭司のこと〉の土地で生を受けました。それはアヴァリンの意志でもありました。その時の彼は聖樹セイヨウトネリコの木の精霊が肉体化した存在として生まれました。セイヨウトネリコは古代ドルイドが使っていたオガム文字〈5－6世紀に盛んに用いられた直線的で比較的単純な形をした文字。線の数で音の違いを表現するなどの特徴がある。ドルイドによって神聖視され、祭祀に用いられたともいわれる〉の、秘密のアルファベットのNionを象徴する樹木でした。

彼は山々の頂上などの人目につかない場所に、環状列石の神殿を建てていきました。ストーンヘンジもその一つです。彼から建造方法を教えてもらったことがありましたが、ここでは横道に逸れてしまうのでお話はしないでおきます。

他にも、古代中国で仙人たちの住処で隠者として暮らした人生もありました。アニオンはあまり多くの転生を経験せずに、地球上に長い間留まっています。転生の間を長期間とって、その間は独りきりで静かに過ごしてきました。

現代にも転生をしています。彼は優しく、繊細で、全てを思い出した一人でもあります。今度こそは愛と一元性の道を歩もうと、固く決意をしています。

＊　＊　＊　＊　＊

アヴァリン（Avalin）

アヴァリンもとても古くからいる魂です。妖精の系譜と、シャーマンの系譜を持っています。アトランティス時代、オラリン寺院に若き巫女として加入したアヴァリンは、ディアンドラの世話を任されていました。ディアンドラがアトランティスへ空間移送によって戻された時、アヴァリン自身がこの役目のために手を挙げたのです。

アトランティスから脱出した後、彼女らを乗せた方舟はイギリスのコーンウォールの岸にたどり着きました。彼女はその地でドルイドの上級巫女となり、自然と人間を繋ぐことに人生を捧げました。アヴァリンは二人の子を産みましたが、両方とも彼女の魔法によって子宮の中に誘い込まれた魂でした。そのうちの一人が、アニオンでした。彼もドルイドの祭司となって石の神殿を建造していきました。もう一人はディアンドラの魂でした。

他にも、アヴァリンは地球上に何度も転生してきました。その中でも重要な人生だったのは、今日ではユカタン半島と呼ばれる地にあったマヤ文明で身分の高い司祭であった時です。更には北アメリカ先住民族のタラフマラ族やアパッチ族でメディスン・ウーマンやシャーマンとして活躍したこともありました。

＊　＊　＊　＊　＊

ボクロール（Bog-Lor）

レムリアの最期からボクロールが学んだこと。それは、権力に頼り過ぎないということです。それでも彼は強力な力と霊的知識を保持し続けていたため、その力を求める人々が自然と彼の周りに依存するために集まってきました。自分より意識の低い者たちに囲まれ、彼は苦労することなく霊的指導者として君臨することができました。ボクロールにとっての課題は、平等な立場で他人と協力することを覚えるということです。ボクロールは生徒たちに自分の教えを押し付けたりはしませんし、どちらかというと儀式などは生徒たちに任せる方です。それは彼ができないからではなく、人任せにする傾向があるということです。彼は自分のエゴを押し付けない立場を取っていると思い込んでいますが、じつはこういった行為は人のためにはなりません。今世では、彼はネイティブアメリカンのメディスン・マンとして転生しています。それ以前の転生した場所には、チベット、ペルー、インドなどがありました。そのいずれにおいても、彼は大きな権力と膨大な古代の知識を集めていきました。他にも興味深い転生として、東洋世界で名を馳せた妖艶でミステリアスな娼婦としての人生がありました。大変不利な環境での人生でありましたが、彼はそこで女性性についての見解を大きく変えることに繋がりました。特に、自分の中の女性性と繋がることについて、大きく前進を果たしたのでした。それが現代の彼にとっての重要課題でもあったからです。

それから、彼は進化のために必要となる、ある課題に現在直面しているところです。（もしくは逃げているところ、とも言えるのかもしれません。）その一つは、彼の力の源となっている古代のエネルギーとは全く異質のエネルギーである、新しい時代のエネルギーを受け入れることです。超現実の新たな振動に、彼は心を開いていく必要があるのです。その扉の先に進むには、これまで力と知識を得る為に利用してきた旧いエネルギーを手放すことが必要不可欠なのです。ですが、彼はそれを手放すことに恐怖を感じているのです。これまで積み重ねてきた権力を、失うことになるのですから。（ここから学ぶことが多いお方も大勢いらっしゃることと思われます。これからやってくる一元性の世界においては、今まで自分たちを権威付けしてくれた物事が全て、邪魔な障害物に一変することになるのです。したがって、それら旧いものを全て手放す時が必ずやってきます。）

第二に、ボクロールは人々を引き寄せる魔法を心得ていますが、それによって失われていった本来の愛と思いやりの心を学び直す必要があるということです。これも周囲の人から拒否されたり嫌われたりすることを恐れるあまり、彼にとっての大きな課題となっているのです。彼の傲慢さと冷徹さの気〈オーラ〉は、本当はその内側にある感情的傷つきやすさを守るために纏っているだけなのです。

ボクロール、私はあなたのことを想っています。頑固一徹な殻の下に隠された、閉じた心。その下にある、あなたという愛。それで人々を騙し続けることはもうできませんよ。あなたは愛されています。尊敬されています。全人類の為に請け負った任務ですものね。理解しておりますよ。苦しみが絶えない闇の奥底へと自分の魂を降ろしている途中ですもの。帰還令が出たら、ずっと追い求めてきた愛と解放を手にすることができるでしょう。

＊　＊　＊　＊　＊

ダヴォッド（Davodd）

野性的で情熱的なダヴォッド。彼も現代に転生してきています。ですが彼はアトランティスの頃とあまり変わっていないようです。その天才性は取り戻したようですが、まだ自分のエネルギーの適正な制御には至っていないようです。

ダヴォッドはその後の転生で何度もディアンドラと会っていました。かつて狂おしいほど会いたがっていた彼女とは、今世でも再会し、短い間ですが結婚していた頃もありました。二人は一緒に居なくとも、強い超能力的な繋がりを維持しています。彼女といる時に発生する強大な力は、ダヴォッドにとって扱えるものではありませんでした。記憶が蘇り、内的な調和が乱れ、彼女に引き付けられているはずなのに二人の関係は壊れていきます。結果、彼の方から身を引いたのでした。彼女の役割は、彼自身を映し出す鏡になることなのでしょう。彼は自分自身の正体を見たくないのです。現在、彼は一生安泰をひたすら求め続けて働き続ける人生を送っています。ですが、現状の行き詰まりの打破〈ブレイクスルー〉を、今世のうちに成し遂げることができそうな希望もあります。

＊　＊　＊　＊　＊

ディアンドラ（Diandra）

美しいディアンドラ。彼女は女神の系譜に属しています。地球植民地化時代の初期に、アークトゥルスとして知られるアルカディオン星系から地球へと送られてきました。初期レムリアにあった禁断の智慧の神殿である、ディアンドラ神殿の創始者は彼女でした。したがって、最後のアトランティス人として転生でレムリアに再び送られたことも偶然では無かったのです。

アトランティス人としてトラウマ的な経験をした彼女は、後にドルイド巫女となったアヴァリンの娘として転生をしました。その時の人生は、動物たちの楽園の中で癒しの技術を磨くことに費やされました。その時の彼女はまだ、人々との接触を避けていたところがあったのです。

その次の転生では、新バビロニア王国に組み入れられた時代のウルに身分の高い女性として生まれました。当時の彼女にも、女神としての一面は大いに残っていました。その土地にいた他のアルカディオン星系（アッカド人）と繋がり、協働していたようです。しかし、残念なことにアトランティス時代のトラウマもあって、他人への不信感は残ったままとなっていました。その結果として、彼女は人々へ冷たい目線を向けることや、自分より身分の低い者たちを操ろうとしてしまったのです。つまり、与えられた権力を乱用してしまったのです。（彼女のエーテル体がまだ完治していない原因でもあります。）地球上の女神エネルギーはこうして歪みを抱えたままになっています。

ディアンドラとアルタザールはその後の転生でも繰り返し何度も出会いました。しかし、再会してもお互いを受け止める準備ができていませんでした。現代の転生でも、二人は意識的にお互いを癒し、本当の自分を受け止めることが大事になってきます。

ディアンドラは更なる進展を遂げて、やっと本当の彼女自身を知ることができるようになりました。彼女のアトランティス時代、レムリア時代の記憶と智慧が現代に蘇ろうとしています。彼女の才能は、『癒し』の分野に存在しています。まずは彼女自身を十分に癒してから、人間としてのディアンドラと、星天女神としてのディアンドラを繋げる必要があったのです。それから、人間として向ける視点の先を動物たちから人間たちへと移すことです。現代の人生において、彼女はその過程にあり、今はより高次の目的と繋がって、虐待を受けた子供たちやその家族の癒しに携わっているところです。

ディアンドラにとって最大の教訓となったのは、無条件に心を開いて愛し、慈しみ、赦し、信頼することの大切さです。自分自身を完全に清め、内側に残っていた苦痛や不信感、怒りを全て手放すことです。その先に、元々の自然な状態である優雅さと純真さに戻ることができるようになるでしょう。そして、この惑星の女神のエネルギーも浄化されるでしょう。

＊　＊　＊　＊　＊

Z博士（Dr. Z）

とても謎の多い人物です。アトランティス末期、ヴァネルがその命を落とした後、アニオンは彼と結託してヴァネルの意志を継ぐはずでした。その後、なんとZ博士は忽然と姿を消してしまったのですから。その直後、アトランティスの原動力グレート・結晶は粉々に砕け散り、アトランティスは崩壊しました。一体、彼に何が起きたというのでしょう。その謎を完全に知る者は誰もいません。

その後の地球の歴史上において、かつてアトランティス人だった者たちが集い、会話を交わす時はいつもこのZ博士という人物についての話題が浮上します。「彼はどこに行ったのか？　何があったのか？　Z博士に会ったことはあるか？　彼は裏切り者だったのか？　それとも救世主だったのか？」

製造主たちが磁界格子の操縦権を巡ってZ博士と激しく争っていたことも、よく持ち上げられる話題です。もしかして、製造主に殺されたのではないかとか、それともアトランティスが滅びる一歩手前になって脱出していたのではないかとか。いずれにしても、仮にアトランティスに残っていたとしたら、彼には大災害を止める秘策があったのでしょうか？

彼の行方を知る者はいませんが、その噂は絶えることはありません。ルーマニアで錬金術師になったとか、エジプトで上級司祭になったとか、ヒマラヤで修行をしているとか、中国で神仙として名が知られるようになったとか、初期キリスト教の時代において重要人物だったとか。どの噂も、確実に正しいとは言えません。

このことは謎のままにしておきたく存じます。なぜなら、彼について秘密を明かし過ぎてしまうと、未だ彼の命を狙う者を手伝うことになってしまいますから。ですが、これだけは明かしておきましょう。Z博士は最低でも3人の人間として現代に生きています。その3人は同時代に生きていますが、お互いを知りません。その正体は非常に巧妙に隠されています。そのうち一人はスピリチュアル系の講師をしていましたが、現在は行方不明になっています。彼の教え子たちは皆、彼の行方を追っているところです。もう一人は作家であり、囚人でもあった人です。三人目は、たった一人の声で市民意識を向上し、世界に大きな影響を与えようと考えている人です。

彼らのうち一人だけが本物のZ博士かもしれませんし、全員がそうかもしれません。それか、もしかしたら、他にもZ博士がいるのかもしれませんね。

いずれのZ博士の転生者も、地球での任務を終えたら解放されて、一なるものへと回帰することになるでしょう。

＊　＊　＊　＊　＊

太陽の父と月の母（Father of the Sun and Mother of the Moon）

『古の者』として知られる二人は、アトランティスの崩壊と同時に地球を去りました。この時、ＡＮ王国も物質界から消えることになりました。ＡＮ自体は現在でも超次元現実に存在していま す。それはこの宇宙の紫色の空の中の、シアンの白い星にあります。

古の者たちは物理的な太陽と月、それから私達の内的な太陽と月を通して接触することもできます。

太陽の父と月の母は、この地球上でまだ任期にあるＡＮの系譜の者たちを見守っています。今回が最後の転生となるため、彼らはシアンの故郷への帰還令をＡＮの系譜全員に発令しました。その後、ＡＮ王国の最後の痕跡も地球上から姿を消しました。偉大な神ＡＮは、惑星地球を二元性領域から上昇させ、全ての分離した二極性を一なるものの統一意識へと戻すことでしょう。

＊　＊　＊　＊　＊

結晶山の隠者（The Hermit of the Crystal Mountain）

私はこれからも、そしてこれまでも、人間としての転生はありません。

内側から、結晶山をお探しください。

そこでお待ちしております。

＊　＊　＊　＊　＊

マ・ア（Ma-Ah）

マ・アは万物の母です。彼女の子宮から、全てが誕生します。彼女こそが地球の母そのものだと主張する人もいます。時々、マ・アは彼女エネルギーを受け取ることができる人の、夢や視覚〈ビジョン〉、瞑想中に現れることがあります。彼女の膨大な智慧の源泉からは、多くの教えや秘儀を授かることができるでしょう。

彼女は最近、よく泣いています。それはこの惑星上で行われた環境汚染や神聖冒瀆が、彼女の体を傷つけることに繋がっているからです。ですから、今は彼女から多くを望まないことです。それより彼女のことをもっと慈しみ、癒してあげましょう。やり方は、超現実に生きればいいのです。そこで愛の道を歩めばいいのです。そこで私たちは変化して、『本当の自分』になればいいのです。そうすれば、彼女は癒されます！

私たちが変わって、地球の変容が完成したら、マ・アは古代の女性としての姿を脱ぎ去って、若くて綺麗な乙女に生まれ変わると言われています。

＊＊＊＊＊

ムー・ラ（Mu' Ra）

ムー・ラは元々、シリウス星系から地球へやってきた系譜の最後の末裔です。ムー・ラはラ・ムーの本当の配偶者でした。ラ・ムーは元々、『レムリアの申し子』でした。レムリア文明は、二人で一緒に創始したのです。そして、ラ・ムーの霊はこの惑星上にまだ存在し続けています。

この物語で描かれたムー・ラの最後について……ティワクでの彼女の転生体は、アルタザールによってとどめを刺されました。彼女はその後、ようやく自分の星天故郷へと還ることができました。到着した彼女は分解された後に徹底的な再構築を経て、生まれ変わりました。その強大な力は保持したままです。

嬉しいお知らせとなると思いますが、ムー・ラは自分の身の潔白を証明できそうです。遠い昔、ティワクに定住した4本指のシリウス人たちは、ムー・ラを地球に残して去り、結果的に取り返しのつかない傷を負わせる原因となったことを、星間協議会で厳しく懲戒されたのです。

浄化が一定の段階まで進み、智慧をつけていかない限りは、ムー・ラは再び宇宙を旅することは許されなくなりました。その成長の周期は、彼女が元々のムー・ラを体現できるようになった時に完了します。

その時が来れば、彼女はまたラ・ムーと一緒になれて、沢山の新しい星系が産まれるでしょう。そしてその若い星々へと、発達した文明を持つシリウス人たちがＲＡの系譜として送り込まれ、開拓していくことでしょう。

それは、そのように新しくなっていくのです……

＊　＊　＊　＊　＊

ナムアニ（Namuani）

彼女も初期の地球植民地化の際にここにやってきた古代の魂です。原初の時、アカ・カパックと共にここへと入り込みました。アトランティスが黄金時代を謳歌していた時、ナムアニはオラリン寺院のアローラとも密接な関係を持っていました。当時はソルナと双子姉妹の魂〈ツイン・シスターズ〉の関係にありました。アトランティス後期でも語り継がれたように、ナムアニは非常に優れた音楽家として大陸中にその名が知られた存在でした。

その後、彼女はエジプト定住を命じられ、ヘリオポリスにてアヌ神殿建造を手伝いました。更に後の世では、エジプト人男性の書記官として『古代エジプト死者の書』の『アニのパピルス』として知られる部分を編集しました。エジプトの秘儀を後世に遺すためでした。

他にも、共にペルーに転生したアカ・カパックと一緒に、古代インカ文明を興しました。16世紀にはインド人として双子姉妹の魂などと一緒にラジャスタンの神殿で踊り子になりました。その神殿で唯一踊ることを許された女性達として、彼女らは神聖な舞を伝授されました。その美貌と神聖な踊りをもって、彼女らは広く名声を獲得しました。彼女らは特殊なムードラ〈サンスクリット語で「印を組む」という意味の、手や指を使った仕種のこと〕を使うことで、自分や相手に女神を降ろしたりシャクティ〔ヒンドゥー教における「女性原理」のこと〕を呼び起こしたりすることができました。

ディアンドラはその昔、ソルナとの合一を果たしました。現代にも転生してきており、彼女は自分が何者かをよく知っています。星天界を旧い地上のエネルギーの中へと入れ込む者として、この惑星のため奉仕活動を続けています。サナト・クマーラの娘であり、星間協議会に仕える者、ナムアニ。この転生の後、ソルナと共に地球を去ることになるでしょう。

＊　＊　＊　＊　＊

ノヴァスナ（Novasna）

ノヴァスナは天使が住む星天界から来た純粋な霊を持った女性です。アローラの実の娘であり、ローリアンの系譜の代表者として地球で奉仕することを決意しました。

アトランティスを脱出した後は、方舟に乗ってシュメールの地に辿り着きました。そこでシュメール人たちの王と結婚し、天空の神アヌ信仰を広めていきました。（エジプトのヘリオポリスとも関連性があります。）

ノヴァスナの地球上での転生回数は少なめです。その中でも大事な転生としては、観音菩薩やナムアニがいた頃の古代中国、それから、ロシア女帝であったこともありました。他にも、アーサー王が統治していた頃のイギリスや、チベットでの転生もありました。アッカド王サルゴンと共にシュメールの地に帰還したこともありました。サルゴン王は当時の彼女が愛した男性の一人でした。

現代での転生においては、押し寄せる運命のあまりの壮大さに少々手こずっているようです。大事なのは、運命に抵抗しようとしないことです。そうすればここに来た目的を完成させることができるようになるでしょう。

＊　＊　＊　＊　＊

オクモラ（Og-Mora）

さて、彼については過去に奥深い逸話があります！　それは『オクモラの伝説』と題することができるほどです。アークトゥルスに起源を持つＥＬの系譜であり、レムリアの長老です。〈レムリアの長老たちは皆ＥＬの系譜でした。〉残念ながら、地球の重力場の中には彼のような純粋なＥＬは誰も残ってはいません。オクモラはオクミン洞天に所属しており、以前はアンタレス〈アンタレスはさそり座で最も明るい恒星（さそり座α星）。夏の南の空に赤く輝く星〉の神官でした。

オクモラは第13代長老であり、レムリア最後の長老となりました。彼の逸話を書き記すとなると、もう一冊本を書くことになってしまうでしょう。ですが、それでオクモラとボクロール、それからアルタザールとの本当の繋がりについて語ることができます。

レムリアが完成の時を迎えた瞬間、オクモラは地上界からの次元上昇〈アセンション〉を経験しました。それ以来、彼は星間協議会と密接に関わっています。最近になって、彼は目撃者としての役目を果たす為に地上へと戻ってきました。尤《もっと》も、その為には他の系譜と混じることでＥＬの純粋さを捨て、混血ＥＬとなる必要があったわけですが……

オクモラは個人的に、アルタザールを見つけ出して目覚めさせようとして地上に戻って来たのです。戻ってきてからは世界中を探し回りました。すっかり様相を変えた地上に驚いていました。彼は目的を終えたら再び天界へと戻ることでしょう。

＊　＊　＊　＊　＊

プタハ（Ptah）

プタハ神は生命の父であり、運命の紡ぎ手であり、世界の創造主でもある偉大な神です。あらゆる神々のひいひいひいお爺さんであり、原初の父です。太陽と月の卵を創ったのは彼です。彼の持つ杖は、生命、確実性、それから力を象徴しています。

私が紡いだこの物語の中に彼が現れてくれたことに、私からも敬意と感謝を表させていただきます。

＊　＊　＊　＊　＊

セプリック（Seplik）

覚えていらっしゃいますでしょうか。レムリアの領土である小島から連れてこられ、騙されて、こともあろうに母の卵に穴を開けてしまったセプリックのことを。カラコア火山の中心で起きたあの運命の日からずっと、彼は自分が犯した重大な悪事を悔恨しつづけてきました。

その後も彼はチベットの僧侶として何度も地上に転生してきました。それから、アメリカ大陸で先住民族としても生まれ変わってきました。自然に囲まれた環境で一生を終える人生の方が多かったです。

今日でもセプリックは相変わらずの強い意志と大きな勇気、肉体の頑強さを持っています。知識も多く身につけてきましたが、まだ高度で難しいことを熟考するのは苦手のようです。西洋に住むチベット人仏教徒として人々から尊敬を集めていたようですが、セプリックはそれでようやく内側に平穏と調和を見出すことができてきたようです。

＊　＊　＊　＊　＊

ソラナ（Solana）

天使と人間、両方から愛されし者、ソラナ。ナムアニと共にアトランティスを脱出し、エジプトに辿り着いた、純粋で献身的な心を持つ者です。エジプトに着いた後、二人はアヌ神殿をアヌの街、つまりヘリオポリスに建造しました。聖書では『オン』として登場します。そこには『光の塔』が創られるなど、ＡＮの意識を物質として地球上に蘇らせるための試みがあったのです。

ソラナはオクミンの星天界にその起源を持ちます。はじめはエロヒムの一人として地球に降り立ちました。物質界への降下の際、エロヒム達には二つの選択肢が与えられました。一つは、天界に戻ること。もう一つは地球に残って奉仕を続けることでした。ソラナはそこで、残ることを選択したのです。しかし、他の肉体を持った天使たちと同様、地上に残るには自分の起源を忘れて物質界という制限された世界で二元性の幻影世界の中で生きていかねばならなかったのです。現在、その長い長い周期の終わりに差し掛かってきたこともあり、ソラナなどの元天使は自分のエロヒムとしての記憶を蘇らせてきています。これだけは確実に言えます。天使は、私たちの世界の中に生きています。

ソラナもこの社会に紛れて生きています。多次元間の架け橋になるという自身の任務をこなしながら、愛する一真愛であるあの女性〈ひと〉を探し続けています。（この物語を読めば会えるでしょうね。）そう、この二人が再会するのは、大きな周期の始まりと終わりだけなのです。

彼らの完成、地球上での再会。それらが成される時に、やっと二人は一なるものとして、二つの羽で飛び立つのです。

＊　＊　＊　＊　＊

ソルナ（Soluna）

彼女の本質は星天界の天使です。この惑星を訪れる前、ソルナはアリオン恒星系で『結晶の守護神』でした。結晶の洞窟の中で（地球時間で）2000年以上もの間、彼女は従順な護り手を務めていました。それが当時の彼女の真の役目だったのです。

ソルナは結晶山の隠者の一番弟子でした。彼女と同じ本質を持つ、霊のつながりを持つ存在たちとの融合もいくつか果たすことができました。ナムアニもその一人でした。今日では、結晶山の近くで娘のノヴァスナと一緒に暮らしています。結晶山のヴォルテックス地点の活性化を目標にしています。

ソラナが彼女を見つけたのなら、二人は二つのタントラ的二極を体現し、それをもって最終目的を共に達成することができるでしょう。二人はその後、故郷へと飛び立ちます。そこでもう一度呼びかけがあったならば、二人は新たな音階〈ニュー・オクターヴ〉でまた奉仕をしに出掛けることになるでしょう。

＊＊＊＊＊

ヴァネル（Vanel）

ヴァネルはこの惑星上でANの系譜に仕える大師です。遠い昔、彼は機会を得て自分の意志でアセンションをしました。地球上でもいくつもの転生をしてきました。マケドニア、アッカド、エジプト、ペルー、それにゴビ砂漠で生きた人生もありました。この古き魂は、サナト・クマーラとも確固たる繋がりを持っています。

現代においても、彼は音楽を極めた人として西欧で生活しています。名声を獲得した傍ら、彼は人前での公演を避けることが多く、独特な音楽の魔法を自分の音響研究所でひっそりと演奏することを好みます。現代のナムアニも彼の名を知っていますが、実際に会ったことはありません。

彼はこの惑星上でずっと奉仕活動を続けてきました。自分がいかに人間だけでなく大師〈マスター〉たちや神々、天使、星天存在たちから愛と尊敬のまなざしを向けられていたかを知ったら、きっと驚くのではないでしょうか。

＊　＊　＊　＊　＊

セロン（Xeron）

セロンはオクミン同胞団の一員であり、二元性の中に転生をする必要がこれまでに無かった存在です。オクミンは自ら地上に赴くことを志願した阿耨多羅《あのくたら》〈「正覚」とも言い、宇宙の大真理を悟った人のこと〉と呼ばれる者たちを通して、地球上に智慧と教えをもたらします。セロンも肉体は持ちませんが、純粋な光を集めて凝縮し、光体〈ライト・ボディ〉として現れることができます。

この惑星の運命を預かっているオクミンの活動は、初期レムリア植民地化時代から始まりました。そのずっと後の世で、チベット人たちを通じて活動していたこともありました。チベット人たちへの教えが地上でバラバラに離散した結果、オクミン同胞団の教えが惑星上の人々の間に広まることにもなったのです。

繰り返し唱えられたオクミンの展望、それは……

『下は無く、戻りは無い』

至高と不可逆の物事だけが在るということです。

＊　＊　＊　＊　＊

このように、多くの人間の運命が精妙な采配をされており、『本当の自分』を思い出して、それを体現できるようになるまで天から見守られているということです。それは決して運命の押し付けではありません。なぜなら、それを意識的に決定しているのは、ここに転生してきた人達であり、運命は個人による決定が無ければ具現化しないからです。アルタザールの前に開かれ、中へと招いている扉が、皆さんの前にも立ちはだかることだってあるのです。

一つ、確かなことがあります。アルタザールよ、あなたがこの文章を読んでいるのなら、どうか聞いてください。アルタザール、世界はあなたを必要としています！　今こそ目覚め、本当のあなたに返り咲いてください。

今あなたが、あなたと同じような方々が、地球があなたを必要としている今この瞬間に出てこなかったら、一体誰がやり遂げられるというのでしょう？

いいですか、アルタザール。あなたこそが長老なのです。惑星の癒し手なのです。未来を創る者なのです。あなたという皆が、必要とされているのです。あなた方一人一人には、全体の為に使う、特別な贈り物が与えられています。その全てが、二元性から一元性への移行を成就させるために非常に重要なのです。全人類のため、最後の仕事がここにあります。どうか目を逸らさないで。あなたがここにいる理由でしょう？　これまでの全ての転生は、今この時に収束するためにあったのです。計画〈プラン〉にはあなたの存在が欠かせないのだから、そうなるように準備をしてきたのですよ。目の前にあるその扉〈ポータル〉を通るだけで良いのです。あなたがどれだけ素晴らしい存在であったか、お解りになるでしょう。

　そこであなたを待っていますよ。結晶山は、いつか自身を活性化してくれる運命に定められた者たちを歓迎するでしょう。それが今です。だからあなたは、この文章を目にしているのです。もうあまり時間がありません。私と一なる存在となりましょう。

『結晶伝達〈クリスタル・トランスミッション〉』は絶え間なく送られ続けています。ですが、聴く耳を持たない者ばかりだったら？　今こそ心の耳を開いてみてください。聴こえたら、はっきりとした行動をする為に表舞台に出てきましょう。

＊　＊　＊　＊　＊

　その昔、自然と共に暮らしていた先住民族の中で、自然界に調和をもたらすという任務を請け負った人々がいました。彼らは惑星上の様々な場所へと散らばっていき、そこにヴォルテックス、または光の柱を地中深くまで定着させていきました。ホピ族、チベット人、アイヌ民族、ドゴン族などの古代の民は、何世代にもわたってその神聖な任務を果たしてきました。

　初めの頃は各部族がまとまって一つの集団として協働していたのですが、今となってはかなり細分化されてしまいました。また、多くの部族が惑星の地表から姿を消していき、残った各部族たちへの負担も増加していったのです。生き残った部族の中にも、元々の任務を忘れてしまった者も多くいました。または、内外からの圧力に耐えながら、周囲に適応しようともがいていたら、最初の目的を忘れてしまった者もいました。この惑星を調和させてきた柱も、現在は脆く崩れやすくなってしまったのです！

だからこそ、この現実を超越した現実の新しいエネルギー・ヴォルテックスをこの惑星に定着させ、活性化させていかなければならないのです。この惑星が生き残るには、『超現実〈ウルトラ・グレーター・リアリティ〉』を物質界に具現化させるしか道はありません。ですが、ここで疑問が残るでしょう。「誰がその一元性を定着させることになるのか？」この重要な時期に生きている皆様の目的を思い出してみてはどうでしょうか。

今の世界は、アトランティスの末期を再現〈リプレイ〉しているようです。ありとあらゆる部分で、あの時と同じことが起きています。あの大災害から学んだことを思い出す時です。このまま黙って待っていたら、またあの時のように人類は同じ過ちを繰り返すでしょう。今こそ試練の時なのです。

＊＊＊＊＊

この難問への最適解は、皆様の内側にあります。ただ、自分から自分自身に向けて問うだけでいいのです。ヒントをくれる人なら、昔からここに来ていますから。自然の中にいる自分自身を想像してみてください。星々の中にいる自分自身を見つめてみてください。そしてなにより、自分自身の内側を見るようにしてみましょう！　そう、答えはそれほど難しいものでは無いのですよ。

親愛なる皆様、どうかお願い致します。皆様の惑星を救ってあげてください。愛と智慧で、お互いに結び付いてください。一つにまとまって、協力しましょう。一人一人が、神殿を支える柱です。皆がいれば、神殿は倒れません。

愛は大いなる力であることをお忘れなく。純真愛〈ピュア・トゥルー・ラヴ〉と思いやりで出来た、新しい格子機構を地球に組み立てていきましょう。私達は元々一なる存在。だから、関係無い人なんていないのです。私達を別つものなど、最初から何も無かったし、これからもありません。実は皆がお互いに繋がっていて、関係性を持っています。皆が一元性という旗を形作っているー本の糸なのです。他人を助けるというのは、自分達自身を助けるということです。自分達自身に貢献するということが、私達全体に貢献することになるのです。

＊　＊　＊　＊　＊

地球が二元性から一元性へと相転移すれば、古よりここに来ていた魂たちもようやくここから解き放たれるでしょう。古代より働き続けてきた皆様へ、贈らせていただきたい言葉がございます。

はじめに、皆様には感謝してもしきれないほどです。本当に長い間、困難な時もありましたね。本当にお疲れ様です。もうすぐ、そこから解放される時が迫っています。あと少しです。ですが、最後にあなたがこのステージで踊る時まで、その時期は確定とは言えません。ほら、音楽がもう始まったのではないでしょうか？　ダンスの相手はどなたにされますか？　選ぶ時も、楽しむのをお忘れなく。星々を見つめながら、踊りましょう。軽やかなステップで、地球に星天を打ち込みましょう。地球が星天化していきます！

今こそ個人的なカルマの領域からは上昇して抜け出す時です。ゆっくりと、穏やかにそこから抜け出せます。ただ自分自身を高次の目的へと完全に委ねればいいのです。愛を持ち続けましょう。カルマから解放されて余裕ができた心に、超次元の光が入り込んでくることでしょう。

ですから、まずは急いで皆様の光体を発達させていかなければならないのです。それがこの移行の全行程のうち、第五段階の時点での条件となるからです。黄金の夜明けが来る時に、皆様が自身の多次元結晶体を完全に起動できるようになっていることが望ましいです。

それが、この惑星上での最後の仕事です。最後まで愛、勇気、智慧、そして識別力を持っていたいものです。自分が至高の霊魂の乗り物であることを認めることができた瞬間、至高の力を手にするでしょう。

皆様の持つその結晶できた矢を心の行くままに放ってください。その矢が、皆様が歩んでいく道を照らしてくれます。皆様が照らした道が広がっていき、やがて惑星全体が照らされることでしょう。

今この瞬間も、螺旋周期は廻り続けています。故郷〈ホーム〉への帰還令が聴こえてきたのなら、各自配置につけるように準備を始める時です。古の星天家族〈スター・ファミリー〉が一堂に会する時です。そして共に力を合わせ、二元性を一元性に変化させましょう！

＊　＊　＊　＊　＊

古の者たちが終に地球を去る時、そこに残ることを選択した方々には、空いた席を埋める役割が与えられます。そのためには、適切な準備をしておく必要があります。もう時間を無駄にはできなくなります。これまでのように、怒り、強欲、混乱、甘えなどの余計な事をしている時間はどんどん無くなっていくのですから。それほど大きな変化が訪れようとしているのです。運命の螺旋周期は廻り続けています。皆様は、本当の自分になりたくはないですか？

親愛なる皆様。自分自身を愛すること。自己否定をやめること。自分自身に可能となる最高の音階〈オクターヴ〉に生きることです。言うだけでなく、為ってください。そして皆様の霊魂は光の灯台として、生まれ変わった宇宙の中で輝くでしょう。どこまでも深い、喜びと平和の光をもって。

これより先、皆様は『本当の自分』になります。華麗なる黄金時代の新たな夜明けを創っていくのは、あなたです。

＊　＊　＊　＊　＊

最上級の愛で、あなたを見守っています。常に天の恵みがありますように。

隠者はこれ以上語る言葉を持ちません故、

これにて、静寂へと還らせていただきます……

謝辞

この本を書き始めてから、終わるまでには2年もの歳月を要しました。その2年の間、私の日常生活の中に本を書くという作業が入り込んでいました。文字が翼を得たように勝手に原稿の上を飛び回っていくこともありましたし、そんな時は手だけ貸してあげればいいだけだったのですが。大変だったのは私のこの記憶が果たして正しいものか分からなくなった時でしたね。色々なことがありました。不思議がったり、悲しくなったり、怒ったり絶望したことだってありました。『アルタザールの伝説』の物語を書き上げるまでの背景には、そんな楽な時も、困難な時も、色々な思い出があるのです。

この物語を完結させるにあたり、協力を惜しまずにいてくれた友人、関係者各位に、改めて感謝申し上げます。校正をいただいた方や、激励を贈ってくれた方や、必要な時に愛で支えてくれた方も、本当にありがとうございました。推薦状を書いていただいたエリザベス・キューブラー＝ロス博士へ、ありがとうございました。それから、あの時光の翼に乗せてくれた、ソラリス・アンタリほか黄金太陽天使たちに感謝を贈ります。

精神科医エリザベス・キューブラー＝ロス博士による本書の推薦状

『アルタザールの伝説はもっと知られるべき物語です』

これは記号言語を用いて語られた、実話です。皆様の、そして私の真実の歴史です。皆様の、そして私の運命のお話です。ここでは古代文明のレムリアとアトランティスが滅んだ理由が詳細まで描かれています。

この物語には沢山の智慧と知識が含まれています。そして、何故私達がこんなにも永い間地球上にいるのかという疑問への答えが物語の中に隠されています。人生を苦しみぬいて過ごしている方々、自己愛を持たない方々。なぜ彼らが不必要な苦しみを味わっているのか？高次の目的のために生きる方法とは？　その答えがこの物語の中に隠されているのです。

または自分の人生が何故こんなにも困難なのかを疑問に思っている方々にとって、この本は失った記憶を呼び覚ますための鍵となってくれるかもしれません。結局のところ、苦難の道を歩むことに同意していたのは、他ならぬ自分自身だったのかもしれません。堕落に思えていたその道は、実は背後に至高の目的があったのかもしれません。それら全てが、実は惑星上の全存在の意識をより高次の段階へと向上させるためのもので、アトランティスの宿命が繰り返されないようにしているのかもしれません。

絡まった運命の糸を解くのは難しいですが、それを解くと決めた方々にとってこの本は必読であると言えましょう。運命を知り、その背後にあった天の計画を知るために、大変有用な手引き書となってくれるでしょう。皆様と、惑星地球の勝利の為の一冊です！

ヒカルランド　好評既刊！

地上の星☆ヒカルランド　銀河より届く愛と叡智の宅配便

スターボーン
星から来て星に帰る者達に示された帰還へのロード
著者：ソララ（Solara）
訳者：Nogi
四六ソフト　本体 3,300円+税

原著者　Solara ソララ
現在ペルーにあるインカの聖なる谷に在住。世界中の人々からの尊敬を集める惑星地球への奉仕活動家であり、『不可視』の領域を勇敢に探求し続ける霊視者、そして6冊の形而上学の名著の作家でもある。1987年からは数多くの公開対談を行い、ワークショップを開き、スターボーンたちの再会の場を設け、世界中で11：11の門の活性化の会を主催し、11：11の神聖な舞や一元性などの知識を人々に授けてきた。1992年の『11：11の扉の開放』では144,000人の参加者が世界から駆け付けた。

ソララの願いは有名なグルになることでもチャネラーになることでも無ければ、信者も必要としておらず、ただ人々が『本当の自分』となって『超現実』で生きるという道を示すことである。

「私は、私以上でも、私以下でも無く、しかし私以外の何者でもありません。」

著書に『スターボーン』（ヒカルランド）がある。

翻訳者　Nogi ノギ
日本生まれ、現在マダガスカル在住。翻訳家。真実の探求家。二元性の幻影に従うのではなく、『本当の自分＝I AM Presence』の導きに従った人生を求め続ける。地上にSolaraが提唱する『真実の島（旧称：光の島）』を具現化することを目標としている。
訳書に『スターボーン』（ヒカルランド）がある。
Twitter @NOGI1111_
翻訳記事の更新 https://note.mu/nogi1111
マダガスカル生活などを綴ったブログ https://nogi1111.blogspot.com/

レムリアの王 アルタザールの伝説

よみがえる地球歴史の欠片

第一刷 2020年2月29日
第二刷 2022年3月21日

著者 ソララ（Solara）
推薦 エリザベス・キューブラー＝ロス博士
訳者 Nogi

発行人 石井健資
発行所 株式会社ヒカルランド
〒162-0821 東京都新宿区津久戸町3-11 TH1ビル6F
電話 03-6265-0852 ファックス 03-6265-0853
http://www.hikaruland.co.jp info@hikaruland.co.jp
振替 00180-8-496587
本文・カバー・製本 中央精版印刷株式会社
DTP 株式会社キャップス
編集担当 伊藤愛子

ISBN978-4-86471-853-0

いつでも気軽にコロコロ♪
宇宙エネルギーでリフトUP＆全身ケア

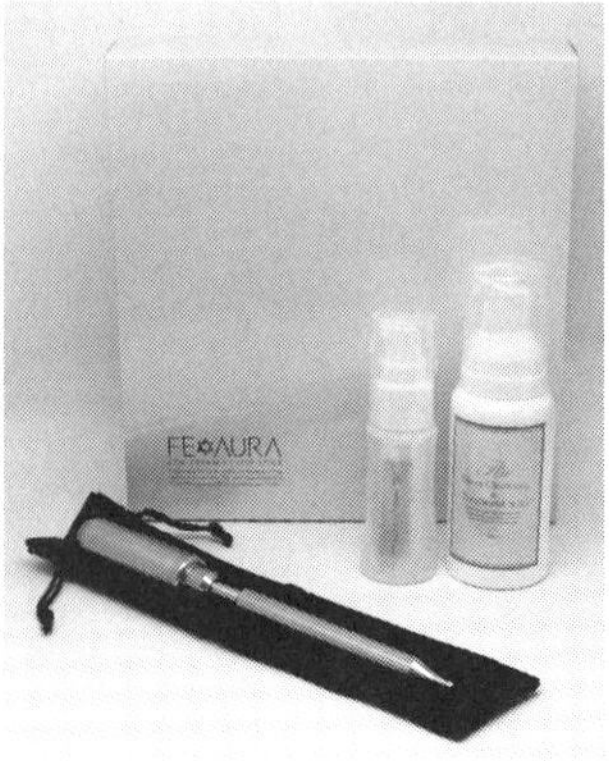

FTW フィオーラ
■ 41,800円（税込）

●素材：FTWセラミックス
●本体サイズ：全長191㎜
●重さ：63.2ｇ
●セット内容：フィオーラ本体、専用袋、イオニスジェルウォーターミニ（30㎖)、ビューラクレンジング＆トリートメントミニ（80㎖）

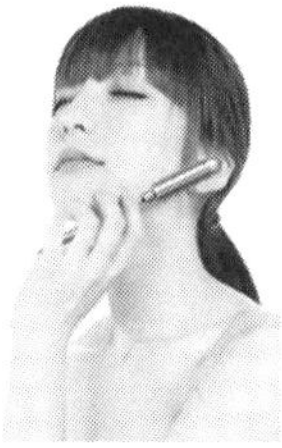

FTWセラミックの力で、顔に使用すればリフトUP、体に使用すればマッサージ効果が得られます。セットされたクレンジングとスキンケアジェルも日本古来の薬草などを原料に、15年間におよぶ研究の末に生まれたこだわりの逸品です。

故・舩井幸雄氏も絶賛したという
両手振り運動に絶大な効果を発するフォーグ

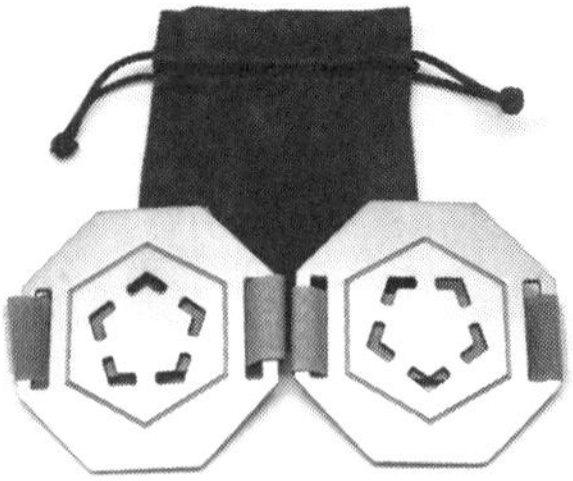

FTW フォーグ
■ 33,000円（税込）

●素材：FTWセラミックス
●本体サイズ・重量：80㎜×80㎜／72ｇ
●セット内容：フォーグ本体２個、マジックテープ２本、専用袋、取扱説明書

足の裏につけて寝たり、アイマスクの下にはさんだり、腰に装着すれば体スッキリ♪　1500年前の経典「達磨易筋経」に紹介された健康促進に有効な両手振り運動にお使いいただくと、その効果は10倍とも。

ヒカルランドパーク取扱い商品に関するお問い合わせ等は
メール：info@hikarulandpark.jp　URL：http://www.hikaruland.co.jp/
03-5225-2671（平日11-17時）

＊ご案内の価格、その他情報は発行日時点のものとなります。

命あるものすべてを活性化するセラミックで
水や食材の質を向上できる「FTW」

農薬や添加物があふれ、食事の不安が尽きない現代の私たち。からだに取り入れるからには、安全でなおかつ〝氣〟のあるものを選びたいところです。
FTW セラミックは電子の誘導体となることで不足した電子を補い、細胞を元気に、酸化や糖化も還元・抑制してくれるというとても優れた素材。この電子誘導が食材を蘇らせ水質も向上させるので、毎日の食事の質そのものを底上げしてくれます。また、FTW セラミックは生育光線とも呼ばれる遠赤外線を含む、高効率放射体でもあります。遠赤外線は人やペット、発酵食品に含まれる微生物、ソマチッドなどの体内微小生物に至るまで、命あるものをすべて活性化するので、体内で腸内環境を整え細胞を元気にしてくれます。
一番人気の FTW ビューラプレートは、このような優れた FTW セラミックの特長を活かし、発酵食品をおいしくつくる、ご飯をふっくら炊き上げる、調理の時短にもなるなど、食生活を豊かにします。劣化もせず、半永久的にお使いいただけるのでおすすめです！

使い方無限で万能、電池も不要
FTW 生活はこのプレートから！

FTW ビューラプレート
■ 55,000円（税込）

●素材：FTW セラミックス
●サイズ：直径144㎜
●製造国：日本
※直火で加熱することで、プレートの色が稀にシルバーに変色することがありますが、品質や効果には影響ありません。

電子の誘導体となって宇宙エネルギーを集める。遠赤外線を含む周波数を発振する。この２大作用により、お鍋や電子レンジに入れれば酸化や糖化を防ぎ、エネルギーを充電。その他ご自身のマッサージなど様々な用途にお使いいただけます。

【活用例③　相性を高める】

◉人→物

自分の情報が物に入ることで相性が高まり、日常生活がより豊かなものに。

○食べ物や飲み物に転写……身体が特に求めている成分が吸収しやすくなるのでおいしく感じる。

○化粧品・シャンプー・薬……使用感や効果が高まっていく。

○アクセサリー・眼鏡・時計……装着しても違和感がなく肌に馴染む。

◉人→人

知らずのうちに相性を高め合い、夫婦仲が改善された例も。

◉物→物

物に備わっている波動をもう一方の物に転写させることが可能。

祈りの水も原水からの波動転写で分身を作り出している。

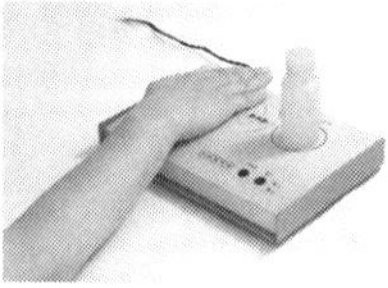

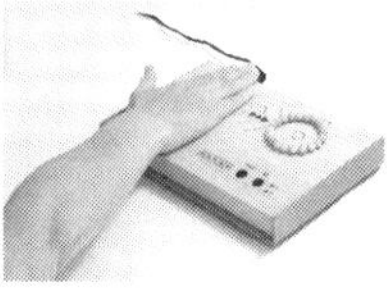

転写の仕方
「IN」に手や物を、「OUT」に転写させたい相手の手や物を載せてスイッチオン。

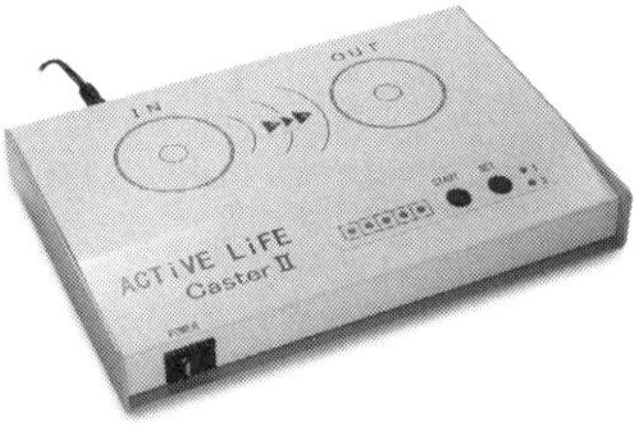

生命活性転写機
ACTiVE LiFE Caster
（アクティブライフキャスター）Ⅱ

■80,000円（税込）

●サイズ：幅230㎜×奥行155㎜×厚さ36㎜
●重量：約700g（単３電池４本内蔵時）
●電源：DC６V（または単３電池使用）
●消費電力：最大0.45W
●付属品：取扱説明書、保証書、AC アダプター、単３電池×４
●特許取得　第2896030号
※医療機器ではありません。医師法、薬事法に抵触する使用はご遠慮ください。

ここが優れている！
「生命活性転写機　ACTiVE LiFE Caster Ⅱ」の特長

・シンプル＆コンパクトで操作が簡単
・１セット５回転写または３セット15回転写が簡単選択。どちらも数分で完了
・LED ランプで転写状況が常にわかる
・消費電力最大0.45W なので電気代への負担が少ない
・乾電池使用で場所を選ばず外出先でも使用可能
・ドラッグストアー、美容院などでも活躍
・効果が持続

【お問い合わせ先】ヒカルランドパーク

＊ご案内の価格、その他の情報は発行日時点のものとなります。

人間が持つ無限の可能性を引き出す生命活性転写機
健康・美容・生活の質向上に一家に一台！

人をはじめとした生命体はもちろん、水から工業製品にいたるまで、この世に存在するすべての物質には微弱なエネルギーである波動（情報）が備わっています。しかし、波動と波動が接し合うと摩擦のようなものが生じる場合があり、反発することもあります。これがすなわち相性というものです。

「相性が合わないもの同士を改善できたら？」「自分の波動を自分自身がよく認識することができればもっと自分を高めていくことができるのでは？」。このような想いに応え、異なった波動や自分自身の波動を転写させることで生命活性や生活の質向上に繋げることができる装置が「生命活性転写機 ACTiVE LiFE Caster II」なのです。

転写のスイッチを入れると、本体上面「IN」「OUT」と書かれている円内に極性の異なる電磁場を交互に発生させて共鳴現象を生じさせます。この働きによって波動転写を実現させているのです。体にも優しく作用するこの技術は特許も取得しています。

さまざまな波動転写の活用法

【活用例①　情報水をつくる】
波動転写によりあなたの健康情報が記憶されたお水を飲むことで、喉にある鼻咽喉がセンサーとなって脳へと伝えられます。そして、改善すべき点や、誰にも備わっている潜在的な自然治癒力を引き出す指令を脳から全身へと送り出されます。このサイクルを繰り返していくことで、健康維持・増進に役立てることが可能です。また、情報水はお風呂に入れることでストレス解消にも役立ちます。

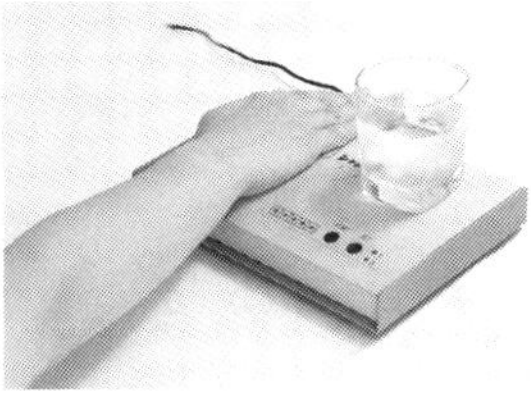

転写の仕方
「IN」に手を、「OUT」にグラスに入ったミネラルウォーターまたは浄水した水を載せてスイッチオン。

【活用例②　自己調整をする】
自分自身の生命エネルギーを調整し、ストレスに負けない心や体へと強化していくことができます。日々繰り返していくことで集中力が高まるなど、調和のとれたエネルギーバランスを保ち続けることが可能となります。

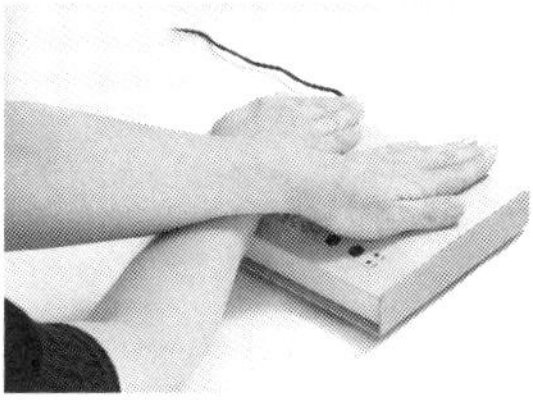

転写の仕方
腕をクロスさせるように、「IN」に右手を「OUT」に左手を置きスイッチオン。

中川　実

シータプラスの開発者。

柔道整復師、鍼灸師、指圧師、読脳セラピー国際講師などの顔を持ち、施術家として30年間活動。「氣の流れ」が見えるようになり、不調の原因が単に肉体的なものに由来せず、生育環境や家系、過去生などさまざまであることに気づく。それぞれの根本治癒と、人類全体の絶対幸福を実現させるために、約５年間を研究と試行に費やす。人間の生体エネルギーが、手足の指先を通じて宇宙と繋がっていることに着目し、高波動エネルギーを発するマニキュア「シータプラス」の開発に成功。スポーツアスリートや、身体機能が低下した高齢者などのパフォーマンスアップに極めて有効であったことから、全国から誘致を受けてその普及に努めている。

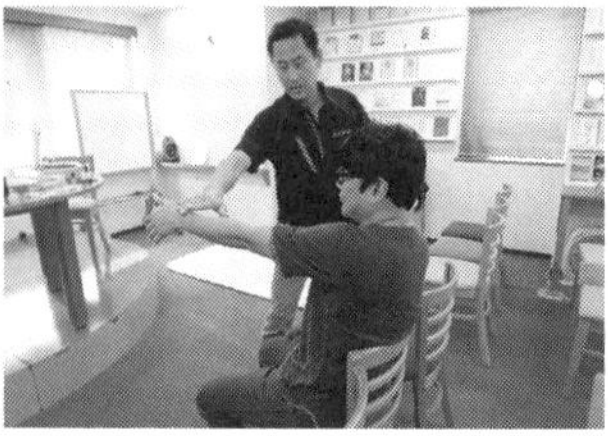

中川先生がリーディングしながら、その方に合わせた施術をします。

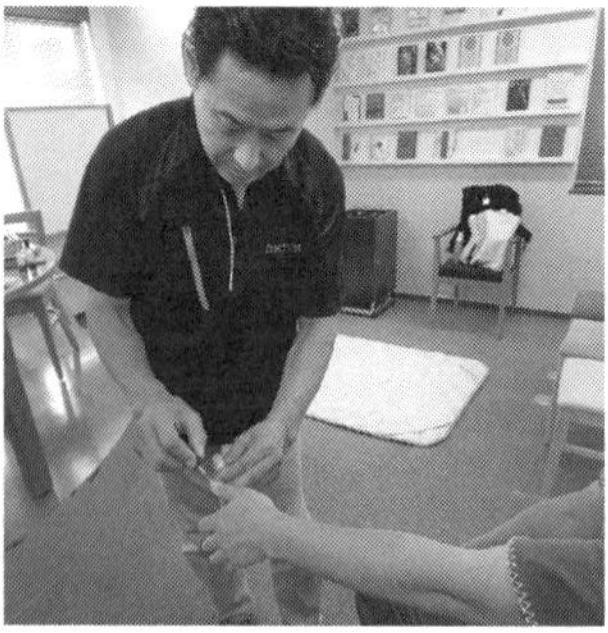

エネルギーが入るべき指にシータプラスを塗り、生命の幹を整えます。

一瞬で宇宙と繋がるシータプラス！

爪は健康状態を映し出すと言われていますが、それと同時に、見えない宇宙生命エネルギーの入り口でもあります。手足の指から入った宇宙エネルギーは上肢・下肢を上行し、内臓、脳などに到達して身体全体を養います。では、エネルギーが滞ってしまったらどうなるのでしょうか？　各指から入るエネルギーの流れに沿った筋肉の機能が低下し、力が入りにくくなります。内臓の機能も低下するため、体の不調の原因にもなってしまうのです。

シータプラスには、中川先生が選び抜いた数々のエネルギー物質が融合し、そのバランスを整えて注入されています。

男女問わず塗ることができるシータプラスで、宇宙エネルギーを身体に取り入れ、本来の軸を取り戻し、心身ともに健康な毎日を過ごしましょう！

＊ご案内の価格、その他情報は発行日時点のものとなります。

本といっしょに楽しむ ハピハピ♥ Goods&Life ヒカルランド

家で飲むコーヒー、家庭焙煎で見直してみませんか？
ホンモノの味わいを手軽に愉しめるセレクトアイテム

日本のコーヒー業界は間違った認識が浸透しており、多くの方がホンモノの味わいを知ることができない状況にあります。実際、販売店には焙煎してから時間の経過したコーヒー豆ばかりが並び、本当においしいコーヒーはほとんど市場に流通していないのが現状です。詳しくは『一杯の珈琲から見える 地球に隠された秘密と真実』（一宮唯雄 著／ヒカルランド刊）でも触れていますが、おいしい１杯をお求めになるためには、これまでのコーヒーに対する常識を見直し、真実を知っておく必要があります。

これだけは知っておきたい、コーヒーの新常識

① コーヒーは生鮮食品である

コーヒーはもともとはフルーツの種なのです。ですから**本当の賞味期限は、焙煎したら７日、豆を挽いた粉なら３日、たてたら30分**です。現在流通している豆の多くは、焙煎してから時間が経ち新鮮さを失ったものです。おいしいコーヒーを自宅で淹れるためには生豆をお買い求め、自分で焙煎するのが近道です。

② コーヒーは健康にも良い

焙煎してから時間が経過し、酸化したコーヒー豆が一般的なせいか、「コーヒーの飲みすぎは体に良くない」「コーヒーを飲むと、胃がもたれて胸やけする」といった認識が根付いてます。しかし焙煎したての新鮮なコーヒーは、クロロゲン酸、トリゴネリン、カフェインの３つの成分が働き、**生活習慣病による不調の予防、脂肪燃焼効果、美肌効果、リラックス効果などをもたらし、さまざまな健康促進効果が科学的にも実証されている**のです。

これらの真実をもっと多くの人に知ってもらい、ホンモノのコーヒーをより多くの人に届けたい。ヒカルランドでは、コーヒーは生鮮食品であるというコーヒーの原点に立ち返り、どなたでも簡単にご自宅で焙煎することで、ホンモノのコーヒーを愉しむスタイルを提案しています。そこで、おいしいコーヒーを焙煎し、淹れるためのオススメアイテムをたくさん取りそろえました。

自然の中にいるような心地よさと開放感が
あなたにキセキを起こします

神楽坂ヒカルランドみらくるの1階は、自然の生命活性エネルギーと肉体との交流を目的に創られた、奇跡の杉の空間です。私たちの生活の周りには多くの木材が使われていますが、そのどれもが高温乾燥・薬剤塗布により微生物がいなくなった、本来もっているはずの薬効を封じられているものばかりです。神楽坂ヒカルランドみらくるの床、壁などの内装に使用しているのは、すべて45℃のほどよい環境でやさしくじっくり乾燥させた日本の杉材。しかもこの乾燥室さえも木材で作られた特別なものです。水分だけがなくなった杉材の中では、微生物や酵素が生きています。さらに、室内の冷暖房には従来のエアコンとはまったく異なるコンセプトで作られた特製の光冷暖房機を採用しています。この光冷暖は部屋全体に施された漆喰との共鳴反応によって、自然そのもののような心地よさを再現。森林浴をしているような開放感に包まれます。

みらくるな変化を起こす施術やイベントが
自由なあなたへと解放します

ヒカルランドで出版された著者の先生方やご縁のあった先生方のセッションが受けられる、お話が聞けるイベントを不定期開催しています。カラダとココロ、そして魂と向き合い、解放される、かけがえのない時間です。詳細はホームページ、またはメールマガジン、SNS などでお知らせします。

ヒカルランド　好評既刊！

地上の星☆ヒカルランド　銀河より届く愛と叡智の宅配便

全世界騒然！ 話題の書!!
ET コンタクト現象の「超」リアルドキュメント

あなたもすでに体験している？！
宇宙人コンタクトと新人種スターチャイルドの誕生
著者：メアリー・ロッドウェル
訳者：島貫 浩
四六ソフト　本体 3,000円+税

あなたもすでに体験している?!　突然の能力の開花、知らずのうちに行われるヒーリング——これらはすべて「目覚めのベル」です！　「変容へのトリガー」なのです！　宇宙人レベルから人類の遺伝子操作が始まっていることを告げる【コンタクト体験のバイブル】ついに全訳なる！　《本書特別限定》あなたがコンタクトを体験しているかどうかが分かる質問表（アブダクションシナリオ）付き！

銀河の叡智／高次元周波数にアクセスできる！

ET とのコラボレーション絵画を発表したトレイシー・テイラー（上写真）の衝撃作品も特別掲載！（お問い合わせ・お申し込みはヒカルランドパークまで）

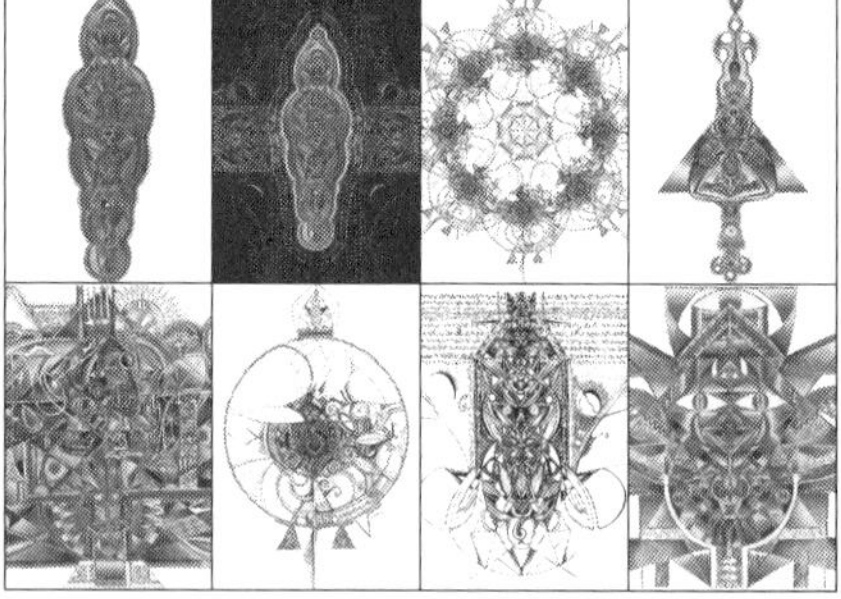